元祖・本家の店めぐり町歩き

Walk around the GANSO&HONKE

HONKE

GANSO

南伸坊
坂崎重盛
著

芸術新聞社

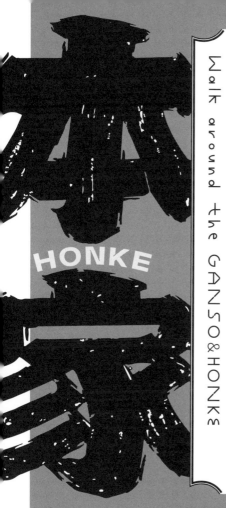

まえがき　念願の元祖、本家の店めぐり・町歩きが実現

坂崎重盛

町をプラプラ歩いていると、店の看板やノレンに「元祖」とか「本家」と掲げられた文字を目にすることがあります。

（お～、ここが佃煮の元祖かぁ、偉いもんですなぁ）と妙に感心したり、（なるほど、たい焼き屋もあちこちにあるけど、ここが本家なのね、試しに買って食べてみよう）といった経験がある。

元祖、本家と誇らしげ（と感じる）にアピールされているのだから、当然こちらは関心を持たざるをえないし、また、これまで、その信頼を裏切られた覚えがない。

店側としても、いい加減な心がまえで、元祖、本家を名乗るわけにはいかないでしょう。その店の歴史、また、今日まで保たれてきた品質への自負、矜持があってこそ、世間様に対して堂々と、元祖、本家を表明できる。

また、当然のことながら、元祖、本家を名乗る店があるところは、よき歴史・伝統がいまでも残る、好ましい、散歩しがいのある町が多い。

東海教育研究所発行の雑誌「望星」の石井靖彦編集長から「なにか、うちで連載を」と声をかけていただいたとき、ふと頭にひらめいたのは、(そうだ、前から気にはなっていた、各地の元祖、本家のある町をたずね、その店をめぐり歩いたら面白いんじゃないかしら)というものだった。

人の、ちょっとした思いつきに極めて寛容な(と思われる)石井編集長は、「それ、やりましょう、いつから、どんな感じで?」と身を乗り出して下さった。

ずっと以前、宮内庁御用達の店をたずね歩いて一冊の本を作ったことがあるが、今回の元祖、本家の企画の場合は、もっと庶民的というか、カミシモぬいだ、楽しい取材がしたい。となると……これは南伸坊さんにお願いするしかないな、と思い立った。

南さんは、ふつうの人が気がつかないところに好奇心と視線が行く人で、町歩きが大好きなご仁でもある。会話も春風駘蕩としていながら妙にマトモでない部分があります。

ぼくの支離滅裂、ネズミ花火的に八方とっ散らかった話を、ふんわり受けてくれて、ときに無視してくれて、本人もヘンなことを言いつつ、筋道をつけてくれるのは南さんしかいないな、と確信したのです。プロレスも会話も「受け身を取れる方」が本当は凄い。

南さんに電話で企画を説明してお願いすると（ハハハ、いいですね）と二ツ返事。かくして目出たく、念願の元祖、本家の町歩きの企てが実現することとなったのです。

本文、一、二ページでもめくっていただければお分かりになるかと思いますが、あちこちの町をたずね、元祖、本家をめぐるあいだじゅう、二人の会話は、八方破れ的に飛び散り、冗談や駄洒落、あるいは真偽怪しい、インテリめかした知ったかぶりや超雑学が、連発ショットガン的に披露されます。

雑誌連載では南伸坊さんが「元祖愛好家」、僕は「本家半可通」ということになっていましたが、会話の役まわりは、ぼくが駄々っ子与太郎的ツッコミ、南さんが鷹揚とした旦那的ボケという感じではなかったでしょうか。

とにかく、取材がてらの散歩中ずっと下らないことを思いついたり、バカ話を笑い合ったりしつづけました。それに、よくもまぁ、あの町、この町、あの店、この店で編集さん含めて、すぐにカンパーイとその店自慢のツマミをアテに、ビール、日本酒、ワイン、ハイボールとふんだんに呑み歩きました。

南さんと不肖・坂崎――いま人気のアイドルグループ「○坂○○」にならっていえば「南坂《みなみざか》70〜75」――この「間違って大人になったような人」、二人の、落語世界的「元祖、本家の店めぐり・町歩き」、ご一緒に楽しんでいただければ幸いです。

目次

Part. 1

元祖、本家の町
麻布十番

麻布というと、なにかトレンディーでバブリーなイメージ？ところが、ここ麻布十番は商店街を一本の柱（街道）として、なんとも魅力的な老舗が軒を連ねる元祖、本家の宝庫。犬を連れたオシャレな外国夫人の姿も見かければ、自転車で焼鳥を買いに来る若い主婦？もいる。一度、この町を訪れれば必ずリピーターになる麻布十番を味わいつくそう。

元祖・鯛焼きの店

―　センセイ方、今日訪ねる麻布十番は、どんな町なのでしょうか？

「本家」半可通（以下、**坂**）　さあ。

―　あの、あまり、ご存じない？

坂　ほどほどです。

―　案内人が〝ほどほど〟ですか！　さすが、シゲモリ半可通《ハンカツー》センセイ！

坂　木綿のハンカツー。

「元祖」愛好家（以下、**南**）　赤いハンカツよ〜。

坂　幸せの黄色い……日本人。いきなり脱線はマズイ。ここ麻布十番に集中しましょう。

―　麻布十番といったらまず、元祖・鯛焼きの「浪花屋《なにわや》」でしょう。

坂　って言うかさ、「浪花屋」は世界一の売り上げでギネスブックに登録されているんですよ。ま、世界一といってもペンシルバニアとかドバイじゃ鯛焼きはあまり売れないかもしれないけど。

― 人形町の「柳家」、四谷の「たいやき わかば」とともに、東京の三大鯛焼きなんて言われることもあるようです。

南 四谷の「わかば」は安藤鶴夫《あんどうつるお》*が新聞のコラムかなにかで書いたエッセーで一躍人気店となった、あの鯛焼き屋。

坂 そうそう。尾っぽまであんが入っている、ということに安鶴さんが、もう感動して。

南 でも、どうですか、尾っぽまでって。逃げ場も作ってくんないと(笑)。「わかば」は、たしか昭和二十年代末ごろの創業だったかな。ここの鯛の絵が坂崎さんも好きな木村荘八《きむらしょうはち》*というのもスゴイ！ しかし「浪花屋」は、もっと古そうだね。鯛焼き発祥の店とか言ってる。一九〇九（明治四二）年に創業か。店の上に出ている看板にも「元祖」とある。

坂 ま、ともかく行きましょう。ほう、ここは、一匹一匹、金型に入れて焼いていくタイプですね。

安藤鶴夫▼一九〇八（明治四一）年台東区生まれ。演芸評論家、直木賞作家。代表作は直木賞受賞の『巷談本牧亭』。通称「安鶴さん」。著書の中で『落語鑑賞』が多くの愛読者を獲得している。感動家としても知られ、カンドウスルヲとも呼ばれた。一九六九（昭和四四）年没。

木村荘八▼一八九三（明治二六）年東京生まれ。洋画家。挿絵画家としての名が高く、永井荷風『濹東綺譚』の挿絵は日本挿絵史の傑作と評されている。『東京繁昌記』ほか東京愛あふれる随筆家としても熱烈なファンが少なくない。一九五八（昭和三三）年没。

南　太鼓焼き……今川焼ともいうけど、あれは一枚の鉄板に同じ形のくぼみをぽこぽこつけておけば、たくさん焼ける。たい焼きも、そういう鉄板で焼いているとこ、ありますね。たい焼きと今川焼と、どっちが先かっていったら、今川焼かな。

坂　今川焼でしょうね。あの形は、今川義元の家紋から来ているんじゃない？　丸に二の字の。

南　ほう、そうなの？

坂　そんなこと、ないか。いや、たしか……太鼓焼きには、他に山鹿流陣太鼓《やまがりゅうじんだいこ》＊みたいに、巴の模様が入っていたりしてね。

―　僕が子供のころにあったのは、大判焼きという名前でした。

南　ああ、小判型のね。

坂　大判焼きは、まん丸くないでしょ？

南　そう、大判焼きだが小判型。

坂　大晦日《みそか》、といったって、たった一日みたいな？

（一同、無視）

山鹿流陣太鼓▼「山鹿流」とは、江戸時代初期の朱子学者・林羅山を師とする山鹿素行の兵法、武士道を説いた教え。その「陣太鼓」とは「忠臣蔵」での赤穂四十七士の吉良邸討ち入りの時、指揮をする大星由良助が合図に叩いた巴の紋の太鼓。しかし、この陣太鼓は実際には存在せず歌舞伎などの創作、演出という。

―　え〜と、ここ「浪花屋」の鯛焼き、皮がワッフルみたいでね。で、あずきのあんが、ファーっと湯気が立ってるんですよ。熱っ熱つで。

南　そうか、熱っ熱つで食べたことはないな。

坂　持ち帰ると冷めちゃいますからね。包み紙に、くっつくし。鯛焼きと、できれば最中も買ったらすぐ食べちゃう。これ原則です。

南　お茶とか無し？

坂　そんな余裕こいていてはいけません。しかも、ここ「浪花屋」は持ち帰ろうとすると、たいてい三、四十分は待たされるでしょ。

南　それまで町内散歩してればいいじゃない。

坂　それもいいけど、二階にカフェがあるでしょ。あそこならすぐ出る。裏ワザですよ。

―　それ、けっこうみんな知ってますよ。

坂　えっ、じゃ、そこで焼きそば食べられるのも？　麺がモチモチでキャベツ入りの、屋台の味がする……。

―　もちろん。

南　ハ、ハ、ハ。どうも、このあたり、通が多いね。

狭いエリアに三つの「総本家」

南　麻布十番には「更科」と名のつく蕎麦屋が三軒もあって、そのうちの二つが「総本家」。なぜ元祖・更科と名乗らないかね。あ、その前に和菓子の総本家を名乗る店があった……あ、あそこ。ビルから突き出た庇《ひさし》の上に「総本家」とある。

――あの「京あづま」ですね。

南　何が名物なんですか？

――「京の梅」など、「京」と名のつくお菓子がいくつか置いてあるのが見えます。

坂　みたらしもある。じつは、ここのどら焼きがなかなかで、皮はふっくら。これは、ほんのりニッキの香りかな。

南　店先に、擬宝珠《ぎぼうしゅ》の乗った橋の親柱みたいのがありますね。それにしても、四人も集まって、店の中をジロジロ見てると、さすがにアヤシイよ。

坂　（編集者とカメラマンさんに）あなたたち、なんか買いなさいよ。あ、ちょっと待ってください（おもむろに写真撮影）。ここの商店街の歩道脇には、なぜか不思議なオブジェがやたらとあるんですよ、あれは、きみちゃんの像ですけど。

南　ああ、童謡「赤い靴」*の。異人さんに連れられていっちゃった女の子。異人さんて、どこの異人さんなのかね。

坂　あ、あれ「美人さんに連れられて〜」じゃなかったの。たしか横浜の港から船に乗ったはずだけど。

南　そうそう、その子の像が、なんで麻布十番に？

坂　横浜から、船に乗ったけど、きみちゃんの船酔いがひどかったりしたので、東京湾から浜離宮に上陸して、ここに連れてこられたのかなぁ。

南　ばかに詳しそうにいいますね……口から出まかせを。

赤い靴▼「例の、♬赤い靴はいてた女の子―の歌。野口雨情・作詞、本居長世・作曲の大正時代からの代表的童謡。エキゾチックでメランコリーな情感がいい。

ー　石碑がありますよ。「赤い靴はいてた女の子は今、この街に眠っています」だそうです。

南　へえ、養女に出したんだと書いてあるね、母の、かよさんが。

坂　ホントかよ！　連れられて行っちゃったけど、人さらいじゃないんだ。

南　異人さんっていえば元祖・人さらいは天狗かと思ったけど、そうじゃなかった。元祖って字には天狗の顔が似合いますね。

坂　は？

南　僕は元祖・天狗だった。オレが昔、天狗だったとき……わかるかな～。*天狗だったことがあるんです！

坂　小学校の学芸会か何かで？

南　いや、「本人術」*といいまして、本人に無理やりなってしまう。群馬県の迦葉山弥勒寺《かしょうざんみろくじ》ってとこで天狗になった。

坂　はぁ。天狗になったことがそんなにご自慢で？　テングになったりして？　あ、ちょっと、このきみちゃん像、赤い靴、履いてない。

わかるかな～▼ビートたけしの師だったという説もある芸人、松鶴家千とせの一世を風靡した伝説的一発芸。ジャズのビートに乗せて「俺が昔、夕焼けだったころ――」と語りだす。イエイ！

本人術▼元祖愛好家、南伸坊が著名人本人として登場するパフォーマンス。変装術を軽々と乗り越えたアートワーク。その記録として『歴史上の本人』『本人の人々』『本人伝説』『本人遺産』など。前人未踏の笑術。

南　どっちかっていうと、服のほうが赤い。

坂　服は御影石、顔や足は銅ですね。このずん胴のフォルム、ジャコモ・マンズー*とかに似てません？

南　まんずう？　知らない。まんじゅうなら嫌いじゃない。マンズーこわい！

坂　スガモ・マンジュー？　出したら売れそう。とげ抜き地蔵のあたりで。麻布十番にこの像があるのは、けっこう有名ですよ。

南　そうですか？　知らなかったなァ。童謡といえば「春の小川」に歌われた川は、ＮＨＫの近所なんだよね。

――　渋谷川の支川である河骨川《こうほねがわ》がモデルと言われていますね。いまは暗渠のようですが。

坂　明治のころまで、渋谷にはコトコトコットンと回る水車がいくつもあったようですよ。国木田独歩や田山花袋、大岡昇平の書いたもの*によると。

――　ふーん、ま、こうして町を歩いていると、「創業○○年」と書いて

ジャコモ・マンズー▼イタリアの現代彫刻家。一九〇八年靴職人の子として生まれる。キリスト教をテーマとしたものや、女性や子供たちをモチーフとして好んだ。一九七三年には東京国立近代美術館で「ジャコモ・マンズー展」が開かれた。一九九一年没。

国木田独歩や田山花袋、大岡昇平の書いたもの▼国木田独歩『武蔵野』（一八九八年）、田山花袋『東京の三十年』（一九八一年）、大岡昇平『幼年』『少年』などに、かつての渋谷周辺の光景が書きとめられている。

あるお店を、わりと目にする気がします。

南　「ＳＩＮＣＥ２０１５」とかね。

坂　去年じゃん！

ー　浪花屋の近くにある豆菓子屋さんの「豆源」も古いですぞー。のれんに慶応元年創業と書いてありました。

坂　え⁉　慶応大学の創立というか、前身って豆源だったの？

ー　（無視！）

坂　……あのね、このへんは町全体が古いんですよ。元祖や本家が半径五百メートルくらいの間に、こんなに集まっているのも、そのせいでしょうね。洋品店や金物屋、ふとん屋みたいな昔ながらの個人商店もまだ残っているし。こういう雰囲気の町は、最近は、もうなかなかないですよ。

南　足袋の「福助」って、あそこは足袋にラベルを貼るっていうのを最初に始めた元祖らしいですね。登録商標の元祖。

坂　へぇーっ、店のシンボルにキャラクターを使った元祖、ってことですか？

南　足袋業界では初らしい。それで、みんな真似したんだって。行田（埼玉県）っていうのは足袋の町で、そこにある博物館に、そういうマネしたいろんな足袋のラベルが保存されてました。

坂　「可愛い子にはタビをはかせろ」*って言いますもんね。靴屋に荒物屋、こっちの文房具屋も渋いなぁ。

—　そろそろ「総本家・更科堀井」が見えてきました。このあたりは周囲を坂に囲まれていますね。高台にある高層マンション群や六本木ヒルズが、より大きく見えます。

坂　ここは、つまり谷ですよね。坂の周りも、いまはきれいに整備されていますが、昔は崖地の底に近い感じだったんじゃないかな。

—　店頭に、使っている蕎麦粉の産地が書いてありますよ。ショーウィンドーには、俳優・池部良*さんの著書『江戸っ子の倅』が飾ってあります。

坂　池部良さんに関係あるのかな。奥には小上がりがあるんですよ。池

可愛い子にはタビをはかせろ▼当然のことながら正しくは「可愛い子には旅をさせよ」という古くからのことわざ。逆は「親の甘茶《あまちゃ》が毒になる」というのがあるらしい。

池部良▼一九一八（大正七）年東京生まれ。戦後の映画界を代表する知的二枚目スター。『坊ちゃん』（一九五三年）『雪国』（一九五七年）

部良さんのお父さんは有名なマンガ家の池部鈞ですね。

南　マンガ家の元祖の一人。蕎麦の元祖はどうしてないの？

ー　聞いたことないですね。

南　おや？「おしっこしないでワンっ」というのは？

坂　元祖・犬に向かって注意を促す看板ですね。

南　ここいらには、日本語の読める犬がいる。

（キョロキョロする編集さんを見て）どうしました？

ー　いえ、このへんに「麻布十番温泉」があったと思うんですが……。

坂　もう十年くらい前になくなりましたよ。正月かなんかに、シンボーさんと来ませんでした？

南　ああ、来ました、来ました。

ー　お二人で、ですか？

坂　だったら変でしょ。元祖愛好家と本家半家通の男二人で、正月から温泉って！　何人かでですよ。たしか正月の四日か五日、松の内に行ったんですよ。ちょっとした新年会気分で。

『暗夜行路』（一九五九年）など文芸作品で演技俳優としても認められる。高倉健との共演の『昭和残侠伝　死んで貰います』（一九七〇年）では新しい池部ファンを増やしたといわれる。エッセイの筆もたち『そよ風ときにはつむじ風』で日本文芸大賞を受賞。二〇一〇（平成二二）年没。文中にあるように父は人気マンガ家・池部鈞。また、母はマンガ家にして名エッセイストの岡本一平の妹。ということは、「芸術は爆発だー」、の太陽の塔の芸術家・岡本太郎は従兄にあたる。

南　ぼくは、ぼんやりとしか覚えてないな。

坂　嵐山光三郎さんや、山本容子さんもいたんじゃないかな。あのとき以外にも何回か行っているんですけど、あそこは座敷があって、舞台もあって、けっこう楽しいところでしたね。

南　思い出した！　なんか茶色い湯でしたね。なんだか、大広場でお酒飲んだり、だらだらして楽しかったな。

坂　前のステージみたいなところでオバハンがカラオケやっててヘキエキしたりしてね。いや、いい感じでした。

麻布絶口釜無村《あざぶぜっこうかまなしむら》

——　そういえば、落語で、下谷の山崎町というところから死体を運んで、このへんまで、話のなかでは「麻布絶口釜無村」。ここまで持ってくる話がありましたね。金に未練のあった坊主が、死ぬに際して手持ちの金をあんころ餅にくるんで全部飲み込んでしまう。それを隣の住人が焼き場に運んで、腹の中から金を取り出し、自分が大金持ちになるという。

南 「黄金餅《こがねもち》*」。

坂 麻布絶好調金無村《アザブゼッコウチョーカネナシムラ》！

― 自分の菩提寺がある麻布絶口釜無村の木蓮寺まで坊主の死体を運ぶくだりで、下谷からこのあたりまでの町名がわーっと出てくるんですよね。

南 以前、押上に住んでたことがあるんだけど、押上にある十間川のほとりに北辰（北極星）信仰の寺があって、そこは「中村仲蔵*」っていう落語に出てくる歌舞伎役者が、願掛けに来たところなんです。同じ寺で、北斎も似たように願掛けしてるんですよね。ずっと前、北斎のことを何か書いてくれと言われたときに、何も知らないのに「あ、いいですよ」って言っちゃって、ちょっと調べたことがあって。

北斎は師匠に破門されて、願掛けに行くんですが、やっぱり落語の中村仲蔵みたいに雨に降られる。仲蔵は雨宿りに蕎麦屋に入ったりするん

黄金餅▼五代目古今亭志ん生や息子の志ん朝、また立川談志などが好んで演じたことで知られるかなりブラックな趣きの噺。

中村仲蔵▼江戸中期の人気歌舞伎役者・中村仲蔵をモデルとした、芸への開眼、出世噺。八代目林家正蔵（彦六）、古今亭志ん生、志ん朝らが演じている。

だけど、いきなり雷に打たれちゃう。ところがその後、絵も売れ出した。いまでもその話がお寺に伝わっているんだけど、何ていったかな。名前、度忘れしちゃった。妙見……。

坂　あ、それ、北十間川沿いの柳嶋妙見山（法性寺）。都電の停留所があった。吾嬬町（現・立花）の家家から自転車で十分ぐらいだし。

南　そうそう、あそこ。川を挟んだ向かいに「萩寺（龍眼寺）」ってお寺があって、芭蕉にゆかりのある寺らしい。句碑も残っています。

坂　わりと近くの「梅屋敷」も有名だった。あのあたりは広重の浮世絵なんかによく描かれた土地で、「梅屋敷」は亀戸駅からすぐ近くですよね。「東風《こち》吹かばいざ問わん梅の花　我が思ふ人の春を忘るな」とかね。

ー　それ、二つの和歌*がごっちゃになってません？

坂　いいから。で、亀戸天神は、菅原道真《すがわらのみちざね》、天神さまだから梅がたくさんあったはずだけど、いまは藤のほうが有名になっちゃった。

南　あそこの「船橋屋」ってのは、くず餅の元祖かな？

坂　どうかなぁ。でも、子供のころから、亀戸天神といえばあのくず餅

二つの和歌▼正しくは天神様となった菅原道真の「東風吹かば匂いおこせよ梅の花主なしとて春な忘れそ（春を忘るな）」と、『伊勢物語』の作者とされる平安時代の歌人・有原業平《ありわらのなりひら》の「名にし負はばいざ言問はむ都鳥わが思う人はありやなしや

を食べるのが楽しみでね。もう一つ、落語の三遊亭円朝《さんゆうていえんちょう》*「牡丹灯籠《ぼたんどうろう》*」の中で、若い侍が酔っぱらった悪侍をバサッとケサがけに切ったとき、「船橋屋のくず餅みたいに三角に切れた」ってくだり*があるんですよ。

南　あはは、いいねぇ。くず餅っていえば、池上本門寺に行ったときにね。

坂　あそこは、力道山の碑がありますよね。力道山はくず餅好きだったのかしら?

南　そうかもしれない。(と軽く流す)とにかくあの門前には、くず餅屋がやたらとあるんです。寺町に、一気にくず餅屋ができた時期が、おそらくあったんでしょうね。

坂　ああ、あの門前町で売れてるから、こっちでも売ろう、みたいな感じで。

—　川崎大師の参道にも、くず餅屋が並んでいた記憶があります。

南　江戸時代くらいに、参拝に来た人の間でくず餅がいきなり人気になって、それ以来、いろいろな門前に店が増えていったとか。

と」の二首。ちなみに落語「千早振る」のネタとなった「ちはやぶる神代もきかず竜田川からくれなゐに水くゝるとは」も業平の作。

三遊亭円朝▼一八三九(天保十)年江戸湯島生まれ。落語中興の祖といわれる江戸末期から明治に活躍した落語家。怪談噺「牡丹燈籠」の他、「怪談乳房榎《ちぶさえのき》」、「真景累ケ淵《しんけいかさねがふち》」で知られる。また円朝の口演筆記が明治の言文一致運動の素となったといわれる。毎年円朝の命日八月十一日を含む一ヶ月、墓所である台東区谷中の全生庵では怪談噺にちなみ幽霊画を展示している。

牡丹灯籠▼円朝が二十五歳の時に創作したという怪談噺。中国明代の怪奇小説『牡丹燈記』を日本の因縁話や実話を交えて落語に翻案。長篇の物語で登場人物も多いので、今日、立川志の輔が演じる時はボー

坂　船橋屋のくず餅、いまは、黒蜜と白蜜と、両方あるのかな？　でも僕は、断然黒蜜が好き。残ったきな粉に黒蜜だけかけて食べたいくらいです。じゃなかったら壇蜜＊！

ー　壇蜜の香りは知らないけど、くず餅には、一種独特な香りがありますよね。作る過程で発酵させているためかもしれませんね。

南　池上本門寺では、お土産に買いました。くず餅はいいやねぇ。きな粉にあの、砂糖を入れちゃダメだよね。

坂　絶対ダメ。ありえない。くず餅には黒蜜です。砂糖なんか入れるヤツは、斜めにバサッと切ってやります。

ー　そろそろ、もう一つの総本家「永坂更科 布屋太兵衛」です。

南　あの看板、「どうだ！」といってますね。「永坂」っていうのは、地名？

坂　ここ、麻布地区の地名です！　多分。

南　お、句が彫ってある。

坂　「春麻布　永坂布屋　太兵衛かな　万太郎」。

ドに人物関係図などを用意して噺を進めている。

「船橋屋のくず餅みたいに三角に切れた」ってくだり▼「エイと左の肩より胸元《むなもと》へ切付けましたから、斜《はす》に三つに切られて何だか亀井戸《かめいど》の葛餅《くずもち》のやうに成つてしまひました。」は、岩波文庫『怪談 牡丹燈籠』からの引用。

壇蜜▼ご存知！そのセクシーぶりが女性層からも支持を得ているグラビアモデル。タレント。本名は齋藤支《し》静《ず》加《か》。昭和女子大学で英語科の教員免許を取得。日本舞踊の坂東流師範。ユニークな芸名、「壇蜜」は「壇」は仏壇を、「蜜」はその供物を意味してのことと語っている。

南　「太兵衛かな」っていわれてもなぁ。

坂　挨拶句《あいさつく》*だから、これでいいんですよ。

南　「冬麻布　永坂布屋　太兵衛かな」「夏麻布　永坂布屋　太兵衛かな」と量産できますね。「一筋の　枝も栄える　麻布山」、これは古川柳ですね。

―　「鳥居坂　狐うなぎの*　近所也」というくらいですから、昔はけっこう僻地だったのではないでしょうか。

坂　「十番の　流れ　金杉橋に　出る」なんて古川柳もある。ここらへんは、昔、川も流れていたんですね。あ、一の橋、二の橋の下を流れる古川か、渋谷に入れば渋谷川といわれる。周囲の崖地に、狐狸の住む穴なんかもあったんでしょう。荷風の子供のころの家も崖下で、狐のこと*を書いてますぞ。

南　おや、ここに麻布十番の由来が書かれた石碑もありますよ。

　この付近は、南面する傾斜と湧き水に恵まれ、古くから、住居の好適地として集落が存在した。江戸時代に入ると、大名旗本の屋敷

挨拶句▼その土地での句作で、土地の風光、名物、人の名、そこでのもてなしなどを折り込み讃えるもので俳句の重要な要素。たとえば松尾芭蕉『奥の細道』での「五月雨《さみだれ》をあつめて早し最上川」も「あらたうと青葉若葉の日の光」。また「涼しさを我宿にしてねまる也」も典型的な挨拶句。

狐うなぎ▼「狐うなぎ」とは、ちょっと聞きなれない言葉だが、天然のうなぎは口先が細く、その形が口先がとがった狐に似ているので「狐うなぎ」と呼ばれる。だから、うなぎ屋の看板などに「狐うなぎ」と書かれていたら、天然ものを売りにしていると思われる。この川柳では「鳥居坂」という地名が出てくるので、かつての崖に棲息していた狐と、近くの古川で獲れたうなぎのことを「狐うなぎ」と重ね合わせたフシもうかがえる。

や新しく移ってきた町家などが、さらに増加している。
　延宝三年（一六七五）、幕府は、救済事業のために古川の改修工事に着手した。このとき、将監橋から一の橋までを、一〇の工区にわけ、この付近が第一〇番目めに当たった。それを記した杭も、後年まで残っていた、という。
　別に、元禄十一年（一六九八）、いまの南麻布に将軍の別荘である白金御殿を建設したとき、このあたりから一〇番めの組になった川さらいの労務者を出した、とも伝える。（後略）

坂　旗本の屋敷は、崖の上の、けっこういいとこに建っていたんじゃないかな。こちらは崖下。「人」に「山」と書いて「仙」、「人」に「谷」は「俗」でしょ。俗がいいじゃないですか！　低地がいいんですよ、場末の下町感があって。こういうところに食べ物屋なんかが軒を連ね、それが今日まで残り、老舗となった。

南　元禄十一年なんて、忠臣蔵のころですね。討ち入りの打ち合わせしたのは、どこの蕎麦屋だったんですかね？

狐のこと▼一九〇九（明治四二）年の作『狐』。荷風の幼児期の思い出を作品化。舞台は小石川の家の崖下。そこに狐が出た。そして……。

坂　それは、たしか両国の……でも四十七人も入れるそば屋なんか、あったの？　当時。〽ときは元禄十五年、夏とはいえど片田舎……。

南　それ、講談の「忠臣蔵」と浪曲の〽妻は夫をいたわりつ、夫は妻に慕いつつ〜、の「壺坂霊験記」が、ごっちゃになってない？

元祖、本家はバリエーション？

坂　来ました！　十番名物、やきとんの「あべちゃん」、ここは何でもおいしいんですよ。僕、焼酎お湯割り。

南　ぼくも。

―　あの、われわれは、ビールで。

南　あの壷？　すごいことになってるね。どうなってるの？

坂　焼き鳥のタレが、何年ものあいだに容器の周りで黒く固まってるんです。完全に陶芸の前衛作品。

南　まっ、とにかく乾杯！　（ゴクゴクゴクゴク）……ああ、いいねぇ。

坂　まずは、煮込み二つ。うまいですよ、ここの煮込みは。

ー　『東京煮込み横丁評判記』の著書でもあるセンセイがそうおっしゃるんですから、楽しみです。

坂　中公文庫になったばっかり。その本にも書いたんだけど、ここは、ほら、煮込みの大っきな鍋が三つもあるの。ネタやスープを別々に煮分けているみたい。あ、それと、つくね二人前……四本ね。この、つくねはユズ風味かな。とにかく芳ばしくてウマイ！　箸袋には、都々逸《どどいつ》*が書いてあるんですよ。「行きにしようか　帰りにしようか　ならば行きにも帰りにも」。

南　いいねぇ〜。

坂　「レバにしようか　つくねにしよか　ならばレバ皮つくねも塩タレで」とかね。ちょっと欲ばったから、字あまりになってしまった。

ー　今日歩いた感じでは、往来も多くてにぎやかな印象でしたが、麻布十番というと、地下鉄が通る以前は、陸の孤島みたいなところがあったように思います。

都々逸▼江戸末期、都々逸坊扇歌によって広められ、寄席や料亭などのお座敷芸として好んで歌われた。基本は七・七・七・五の型。内容は主に男女の情愛や人の心の機微。昭和の半ばころまでは、「三千世界の鴉を殺しぬしと朝寝がしてみたい」「親の意見となすびの花は千に一つも無駄がない」などは、たいていの人が知っていたが今日では若い人は「都々逸」という言葉すら知らないのでは。その都々逸について、重盛翁は近著『浮世離れの哲学よりも憂き世楽しむ川柳都々逸』（中央公論新社）で熱烈応援、多数紹介している。

坂　たしかに！　南北線と大江戸線が通ったのは大きかった。毎年夏の終わりにある麻布十番商店街の祭り、そのときはすごい人出ですよ。道沿いには商店街の出店みたいな感じの屋台がたくさん出るし、外国人もすごく多くて。六本木ヒルズあたりは、ビル風はすごいし、大キライで全然行かないんだけど、こっちのほうはたまに来るんです。

―　麻布十番には、おいしくて有名な食べ物屋さんが、けっこうありますね。「浪花屋」もそうですし、「豆源」も……。

坂　「たぬき煎餅」もね。

―　この時間（午後四時くらい）に満席なんて、すごい人気ですね。

南　テーブルにかけてるシゲモリ半可通翁のステッキ、いいですね。その持ち手のくちばしの鋭い鳥、なんていいましたっけ？

坂　ニュージーランドの国鳥キーウィ。キーウィのサラダ好きだ。

―　それはキーウィはキーウィでもキーウィフルーツのほうでしょ。ところでステッキを持っていたり、帽子をかぶっていたりする人は、大人だなと思います。

坂 もう、存分に大人ですもん。ぼくにとって、散歩にステッキと帽子は必須。

― 今日はお二人とも帽子をかぶっていますが、普段からわりと愛用していらっしゃる？

南 そうねぇ。今日は中折れ帽だけど、キャップも、ニット帽もかぶります。半可通翁《おう》の帽子歴も、長いですよね。

坂 長いです。

― センセイは「翁」を名乗ってからも長いですし。「翁」になってから、もう三十年くらいになるでしょうか。

坂 そうですね。ハイティーンのころからかな。

― 「翁《おー》」*の前は、何でいらっしゃったんですか？

坂 「モーレツ」。

― 「モーレツ」から「翁《おー》」ですか……逆展開ですね。

坂 女性から「モーレツ翁」と耳元で秘かに言われた時代もありました。

翁▼正しくは「Ｏｈ！モーレツ」。一九六九年、丸善石油のハイオクタンガソリンのＣＭで小川ローザのミニスカートが猛スピードの自動車の風でまくれあがり、そのときのセリフとセクシーぶりで大ヒット、今日でも伝説的流行語となる。

― センセイの「重盛」という名前の字面には、「翁」がとてもよくお似合いです。
南 「重盛の店」ってありましたね。
坂 重盛の人形焼き。人形町にある。
― そういえば人形町には、元祖・親子丼の「玉ひで」がありますね。
坂 「玉姫殿《たまひめでん》」は元祖・結婚式場？
南 元祖は、「大塚角萬《かどまん》」じゃないですか？
坂 ああ、角萬ですか。
南 元祖といえば、もう、なくなっちゃったけど。築地にいるときには、近所にカツカレーの元祖の店がありました。千葉茂って巨人の野球選手に「カレーにカツを乗っけてくれ」と言われて、始めたんだって。
坂 元祖は、けっこうあるんですよ。ハイボールなんて、向島に三軒くらいある。「このハイボールの感じはうちが元祖」というんだからすべてがOK！ 煮込みの元祖も多いです。ところが、本家は少ないんですよ。

― 本家不足は、われわれのように、生半可に本家を愛する者にとっては痛手です。そういう意味では、本家が三つもある、ここ麻布十番は特殊かもしれないですね。

坂 ほかの町でも、本家を本気で探せばまだまだ出てくると思いますよ。ただね、元祖や本家のなかには、逆に、わざわざ「元祖」「本家」とはつけないかもしれないって思いはあって。

― なるほど！

坂 切手って、国によってJapanとかFranceと国名が入っているでしょう？ でも、イギリスの切手には入ってない。あれは、「最初に切手を出したのは、うち英国でしょ。なのに、なんでいちいち自分の国の名前なんて入れなきゃいけないの？ あとで真似した国は名乗ればいいかもしれないけど」って聞いたけど。「べつに、それが何か？」ってな態度の表れです。

南 なるほど、ナマイキですな。

― たしかに！ ゴルフでも、国ごとに全米オープンとか全豪オープンとかがありますが、英国はただの「The Open」。日本語では全英オープンなんていいますけど、正式名称はThe Openで、BritishもEnglishもつかない。これも「ローカルな国でやるときは、好きに名乗れば？」くらいの感じなのかもしれません。

坂　結局、本家も元祖も、ある種のバリエーションの一つなのかもしれないですね。でも、そのバリエーションを見るのが、また面白いんです。外国でも流行らせたいですね。「GANSO」とか「HONKE」とか。さて次はどんな元祖・本家のある町をめぐりましょうか？

南　深川あたりはどう？　いろいろありそうじゃない。

坂　あるある、「元祖」深川の辰巳《たつみ》芸者とか。

南　それは、どちらかというと「本家」がふさわしいかも。

坂　そうねぇ、「元祖」だと八十過ぎの感じだものなぁ。いや、べつに八十過ぎても芸があればいいいんですけど。

南　負けおしみ強いなぁ。半可通さんは（微笑）。

Part. 2

江戸風味
森下から門前仲町へ

交差点の角々に江戸の纏《まとい》が立つという江戸情趣の森下には超人気の居酒屋やさくら鍋の店で知られるが、ひっそりと元祖の店も盛業中。江戸俳句の家元とも元祖ともいえる俳聖・松尾芭蕉縁《ゆかり》の地をたずね、足どりは深川、門前仲町へと向かう。かつて気風《きっぷ》のよさで売った深川芸者の地は今日も老若男女、善男善女が思い切り楽しめる元祖、本家的老舗のメッカ。

元祖に出合い、本家で迷走

ー　ここが森下ですか。
南　このあたりは、けっこう古いんですか?
坂　どうかなぁ。この町並みは戦後にできたんじゃないですか。あ、ここ「山利喜」は有名な居酒屋です。東京三大煮込み*の一つといわれて、いっつも混んでるんですよ。
ー　煮込みとフランスパンが一緒に出てきたりするんですよね。
坂　だから、ちょっと洋風の煮込みで。
南　この、いろいろ小っちゃいタヌキがいいね。
ー　信楽焼《しがらきやき》*じゃないタヌキの置物って珍しいですね。石を彫って作ってあるのかな。
南　ここは昔の建物の雰囲気を残してるわけ?
坂　うーん、でも、店は建てかえで前とくらべるとすーごいきれいになっちゃってる。

東京三大煮込み▼諸説あるが、ここ森下「山利喜」、北千住「大はし」、月島「岸田屋」。いや、立石「宇ち多」、浅草観音裏「さくま」、門前仲町「大阪屋」だろ!と自説をゆずらぬ煮込み通多し。

信楽焼▼滋賀県甲賀市信楽で作られる陶器。日本六古窯の一つ。愛敬のあるタヌキで知られ、「他を抜く」ということからタヌキは縁起物として人気に。

南　そうはいっても、ガワを被せただけじゃない？　窓の格子は、けっこう古いよ。

坂　ポストモダンだね。*　前は木造の建物で、そこにこう、暖簾がぴっとかかってて。

―　本館と新館があるんじゃなかったですっけ？

坂　もういっこ、新しいのが向こうにね。で、この「山利喜」の並びがさくら鍋、つまり馬肉の「みの家」。

南　すごい看板建築《かんばんけんちく》*だ。

―　元祖や本家といってもいいような、立派な店構えです。地下鉄を降りるときに、「『みの家』はこちらです」というアナウンスが流れていました。このあたりでは有名な店なんですね。

坂　もう、馬肉だから、けとばし屋として超有名。吉原の「中江」とともに。

南　両国にも何かあったでしょ？

坂　「山くじら」？　イノシシでしょ。あそこはももんじ屋。

ポストモダン▼脱近代主義。進歩主義や啓蒙主義、機能重視を批判、そこからの脱出をめざした。思想、文芸、デザイン、建築等各ジャンルに影響力を持った。

看板建築▼関東大震災のあと、耐火性を目的として木造二階や三階建の店舗や住宅の建物の表面を主に銅版、スレートなどを張った町家のこと。建築史・建築家の藤森照信の命名。今日でも神田神保町、日本橋室町など再開発の手の入らない下町の繁華な商店街の一角に辛くも残っていることがある。

あ、「京金」。ここも、けっこう有名な蕎麦屋ですよ。

―　お昼はやっていないようです。この新大橋通りを道なりに行くと、門前仲町に出るんですよね。

坂　今日はそっちのほうまで歩いてみますか。

南　この交差点は、纏《まとい》が、ほら。

―　わ、角《かど》ごとにデッカイ纏が四つ立ってます。

坂　お、「浪花家《なにわや》」。こないだ行った麻布十番にもあった鯛焼きの元祖。

―　さっそく元祖登場ですね。麻布十番の店から暖簾分けしたのかもしれません。

南　じゃ、ここも一匹ずつ焼いてるのかな。

―　そのようです。

南　これが元祖・深川発祥投句箱。

―　入れ口が、カエルの口になっている。

坂　深川といったらカエル。なぜか？　というと……それは後ほど。

南　こっから句を入れるの？（カエルの口にぐいぐい指を突っこむ）

― センセイ、そんなにぐいぐい突っこむもんじゃありません。カエルがえずいてしまいますよ。

坂 さ、ここが「カトレア」。元祖・カレーパンで有名な店です。

――店員さん　カレーパン、揚げたてですよ～。味が二種類ありまして、元祖と辛口、両方ともいま揚げたとこ。長いのが元祖で、丸いのが辛口です。

― いいとこへ来ましたね。どっちがいいですか？

全員 もちろん元祖！

― じゃ、元祖を四つください。

坂 一日に何回くらい揚げるんですか？

――店員さん　三回か、多いときで四回です。一回目は朝七時、次が十一時。いま出てるのが、ちょうど三回目に揚げた分です。ありがとうございました～。

南 創業が昭和二年だって。

― それは古いですね。

南　そっちは「タンメン　トナリ」。
坂　店に入っても「タンメン、トナリです」。って言われちゃう。
―　永遠に食べられない。いや、「トナリ」はお店の名でしょ。そういえば、このへんには深川めしの本家があるはずです。
坂　「みや古」ね、行ってみましょう……そろそろのはずなんだけど。かなり近いはずなのに、見えてこない。
南　ここ、裏口みたい。あれ？　配膳募集だって。
―　はー、やっと正面の入口が見つかりましたね。これはまた立派な和風建築で。
南　和風の建物に「鍋」ってネオン看板がいい。
―　「みの家」にもありました。
坂　あれ、いっとき流行ったんだよね。
南　温泉マークとかね。
―　軒先に短冊が……「深川や五尺の庭も汐狩」。
坂　一茶*ですな。これも前に言った挨拶句ですね。深川という土地に

一茶▼もちろん江戸の俳人・小林一茶（一七六三年六月一五日〜一八二八年一月五日）のこと。松尾芭蕉、与謝蕪村と並び江戸三大俳人の一人とされている。

あいさつしている。

南　深川めしってさ、本来は漁師なんかがご飯に味噌汁ぶっかけて食べてたようなもんじゃないの。できたの、いつごろなのかな。

—　看板によると、深川めしといえば、味噌仕立ての汁かけ丼や炊き込み飯などがあるそうで。ここのは二代目の春義が戦前に調理人として諸国で板場修行をし、その体験と味覚を十分に発揮してあさりの持ち味を最大限に生かした炊き込み飯なんだそうです。

坂　もともと、このへんの職人なんかが腹のたしにするざっかけな食べ物だったんでしょ。ところでさぁ、なんだかぐるぐる回ってたら場所がわかんなくなっちゃったけど、ここらで芭蕉記念館へ向かいますか。

—　このへんは松尾芭蕉ゆかりの地なんですよね。何だか、材木屋さんが多いですね。

坂　「浮気な女だ材木屋の娘 いつも男の気を引くよ」とかいうのがあったでしょ、材木屋だから、「木を引く」に「気を引く」をかけた。深川は地名のとおり、川が近くて、水運の便がよかったから。

― 芭蕉もここらへんから舟で千住に向かって、「奥の細道」の旅に出たそうで。

南 小名木川から隅田川に出てね。おー、あそこなんか、竹がいっぱい置いてある。

坂 竹屋は珍しいね。

南 こうやって材木がいっぱい置いてあるところって、最近そんなに見ないよね。

― 私が住む台東区の入谷は昔、家具の町だったので、材木屋さんがまだちょっと残っています。

坂 根津にもありましたよ。根津権現の近くに。こういう、竹屋とか材木屋が残っている町はいいねぇ。ぼくなんか、立てかけてある材木をそっとなでたりする。

― 年季の入った木の立て看板が。絵と一緒に「深川芭蕉庵旧跡」「古池や蛙飛び込む水の音」と書いてありますね。

南 読めないように、思いっきり難しく書いてる。ここが元祖・古池ですか？

坂 芭蕉の書は流麗なんですよねぇ。ここが蕉風俳句*の本家、芭蕉庵旧跡です。

南 芭蕉庵は、明治の新聞にも出てきますよね。あ、芭蕉そばときたよ。このまわりじゃ、なんでも芭蕉になってるんだな。

― カエルのマークも多いですね。あ、「古池や……」にちなんでいるのか。さっきのカエルの投句箱もそうですね、きっと。

坂 あたり！

バナナ好きヘンタイ説、浮上

― あの独特な屋根は、たしか蓑笠をイメージしたんじゃないかと思います。でも、蓑笠というよりキノコに近いですね。

南 中に入ると、川に向かって小さな庭があったりして。

坂 芭蕉庵跡は、記念館の中だったっけ？

*蕉風俳句▼正風俳句とも。俳句を単なる言葉遊びの世界から自然観察、人生への洞察という文芸の世界へと完成させた芭蕉の俳諧世界を指す。

南　それはそれで、別にあるんです。
坂　そっかそっか。で、記念館から川伝いに、展望台みたいになってる芭蕉庵跡まで行けたんだ。
―　記念館の入り口にある、あの植物がまさに芭蕉ですよね。
坂　そう、バナナ。
―　芭蕉が生きていた時代にバナナなんて南国の植物を植えているのは、かなり珍しかったでしょうね。
南　すごくハイカラで。
―　芭蕉という名前自体も、すごくハイカラな俳号だったと。
南　芭蕉の前に「桃青《とうせい》」といってた時期があって、桃青もバナナのことだって高校の国語の先生に聞いたことあります。よっぽどバナナが好きだったんだね。吉本ばななより前の、元祖・バナナ。深沢七郎さんには「桃原青二」ってペンネームがあって、深沢さんもけっこう俳句とかくわしいんで、「桃青」から取ってたんのかもしれない。
坂　ほう、そうでしたか！　芭蕉庵跡には松尾芭蕉の座像があって、ぐるぐるっと回るんだよね。今日も回ってるかな。

南　ちょっと回してください。

ー　お願いされても、回る時間は決まっているみたいです。

南　あ、芭蕉稲荷大明神。

坂　この石碑の字、本人の字でしょ。

南　古池や、しか読めない。

坂　虫へんに圭で「蛙」でしょ。「飛びこむ」「水の音　はせを」「はせを」は「ばしょお」のこと。「を」は「越」。越智さんの「お」は「越」って書くのと同じ。変体仮名*です。

南　ヘンタイだったんですね。

ー　バナナ好きのヘンタイ。ヘンタイじゃなきゃ、あの時代に句作を生業にして生きるようなんて、思わなかったかもしれない。

坂　それにしても、達筆。

南　「古池や」の「ふ」なんて、「め」が二つあるみたい。ヘンタイだね。

変体仮名▼平仮名のうち、今日、小学校では習わない旧体の仮名。書道や店の看板、人の名などに用いられることがある。一般に書道の心得がないと判読できないことが多い。

坂　これは「婦」をくずしたぬでしょ。ここを上るといるんですよ、回るヘンタイいや失礼！　隅田川をながめる芭蕉翁が。あそこに見えるのは清洲橋*ですね。ドイツにあった大きな釣り橋をモデルにしてるっていう。

南　かっこいいよね。ん？　この像、ちょっと浮いてる。

坂　さては電動で回るんだな。当たり前か。

南　庵の中に機械が入ってるんじゃない。本当は、飛ぶといいね。

坂　空で飛ぶ俳聖ですか！　ちょっとシュールすぎるけどオモシロイかも。

─　杉山杉風《さんぷう》が描いた絵を元に作った像みたいです。

坂　杉風は、「鯉屋」が屋号の魚屋ですよ、たしか。

─　魚屋といっても大きな問屋をやっていて、芭蕉の経済的な庇護者でもあった。芭蕉が奥の細道の旅に出るときに見送りをした一人でもありますよね。「行く春や鳥蹄魚の目は泪」の「魚」は杉風のことだという。

坂　弟子の杉風も別れを惜しんで涙を流したと。そういえば以前、ここ

清洲橋▼隅田川にかかる橋の一つ。新大橋と隅田川大橋の間にあり、ドイツ・ケルン市にあった大吊り橋をモデルにした優美なデザインで知られている。関東大震災の復興事業として計画、実施された。

へ来たときね、船に幟を立てて選挙運動やってましたよ。「〇〇でございます！　よろしくお願いいたします！」って、船で、あちこちぐるぐるまわって選挙活動をしている。さすが水の町、深川と思った。

－ それは、なかなかお目にかかれない光景ですね。このへんじゃ、普通なのかな。

坂 あ、上でカレーパン食べればよかった！

－ 降りてきちゃいましたけど、せっかくですからいま食べてみますか。まだ温かいです。

一同 うまい！

南 中身たっぷり。それがまたうまい。

坂 パンの部分もいいね。食べながら萬年橋を渡りましょう。萬年橋とカレーパン。

－ 清貧をテーマにしたエッセイのタイトルっぽいですね。

南 お、山響部屋。* 相撲部屋だ。

－ 両国もわりと近いですし、このへんに相撲部屋があるのはまだわか

山響部屋▼一代年寄、元横綱・北の湖が北の湖部屋を創設。北の湖の死去のあと元幕内・巌雄が部屋を継承、「山響部屋」と改称し、師匠となる。部屋の所在地は東京都江東区東砂。

るんですが、山梨の上野原に花籠部屋*ってありましたよね。

南　こっちまでどうやって来んだろう。電車？

―　中央線？　サラリーマンですね、まるで。

坂　埼玉にもありますよ、入間川部屋*とか、追手風部屋*とか。あと立浪部屋*は茨城県。あ、この焼肉屋は貴闘力*が経営している店です。けっこう人気店ですよ。

―　「ドラゴ」ですか。山響親方が貴闘力ですか？

南　いや、貴闘力は、相撲は廃業した。

坂　えーっと、ここに来るまでに、元祖が二つ？

―　「浪花家」と「カトレア」で、二つですね。

坂　対する本家は「みや古」と芭蕉。芭蕉は旅する俳人の本家です。

―　元祖愛好家の南センセイ、それで異論はないですか？

南　……。

―　センセイ？

南　あ、ぼく？　どっちでした？

花籠部屋▼元横綱・輪島が十二代を襲名。その後不祥事などがあり廃業、消滅。一九九二年元関脇・太寿山が再興、上野原に部屋を設立。しかし一九九八年に両国に移動するが、二〇一二年峰崎部屋に吸収合併される。

入間川部屋▼師匠は元関脇・栃司。部屋の所在地は埼玉県さいたま市中央区。

追手風部屋▼元前頭二枚目・大翔山。部屋の所在地は埼玉県草加市瀬崎。

立浪部屋▼師匠は元小結・旭豊。部屋の所在地は茨城県つくばみらい市陽光台。

貴闘力▼元関脇。元横綱・貴乃花の兄弟子。元大関・琴光喜とともに野球賭博により協会解雇。ギャンブル狂いをカミングアウト。現在は焼肉店を経営。

―　センセイは元祖ですよ！

南　ちょっと忘れてました。

旧東京市営店舗向住宅から電動ゑんまへ

坂　あれ？　森下から門前仲町へと向かう途中を左に曲がると、漫画家の田河水泡にちなんだ「のらくろ〜ド」って商店街があるんだけど、通り過ぎちゃった？

―　森下のほうへ、ちょっと戻ることになりますね。

南　田河水泡って、子供の頃、あのへんに住んでたらしい。

坂　らしいですね。田河水泡って本名は「高見澤」で、「田河水泡」は「たかみずあわ」、「たかみずぁわ」、「たかみざわ」。自分の苗字をもじってあんですよ。

―　妹の旦那さんが、日本を代表する評論家の小林秀雄で。

坂　深川のあのへんは、昔はかなり場末感あったたんじゃないかな。

ー　このあいだ歩いた麻布十番でも、そんな話が出ましたね。

坂　もともと、かなりの場末だったとか、花柳界があったとかいう町が面白いんですよね。のらくろ～ド、行きたいですか？

南　いや、いいです。以前、ちょくちょく来てたんです。ピザのおいしい店がある。また来るし。

坂　この先の清澄庭園*は川の水を池に入れていた元祖・泉水庭園なんですが、広くて疲れるので、今日はここもスルーしましょう。で、あそこが旧東京市営店舗向住宅。関東大震災の後、復興事業の一環として建てられた建物です。雰囲気あるでしょ。

南　アールデコですかね。

坂　に、近いですね。

南　けっこう上に建て増ししてる。なんかもともとのカタチのほうがいいのにねぇ。

坂　はじめはみんな、モダン長屋ふうにつながってたんでしょうね。いまも一軒一軒じゃなくて、まとめて何かに使ったらいいのに、もったい

清澄庭園▼明治期、庭園愛好家としても知られた三菱財閥創業者の岩崎弥太郎が回遊式築山林泉庭園として大改修。今日は都立庭園・都指定名勝。全国の奇岩名石を配した庭園として庭石ファンも多く訪れる。

ない。住んでいる人の都合で難しいのかもしれないけど。この通りが、江戸深川資料館のある通りですね。

— へぇ、出世不動尊。

坂 ああ、縁がない。

— いきなり縁がないって、あんまりじゃないですか!

坂 いえいえ、編集さんがじゃなくて、私がですよ。あ、ほら、霊岸寺! 寛政の改革を行なった松平定信*のお墓なんかがあるお寺です。

南 お、ここに小さな阿修羅像*が。腕がカニみたいですね。興福寺にある本物も、カニみたいではある。しかし、旧東京市営ナントカビルってのは、けっこう長いね。

坂 途中で抜けちゃって空地になっている部分もあるけど、本来はあそこにも建ってたはずですよ。

— あの建物には「エチゼンヤ」と書かれた跡が残っています。もともと何屋だったんですかね。

南 つけ届けに小判を入れてそうな屋号ですね。

松平定信▼(一七五九〜一八二九年)江戸中期の老中。旗本、御家人の救済のための「棄損令」、石川島の「人足寄場」などの経済政策とともに倹約の徹底、風俗の取り締り、風紀を乱すと思われる出版の統制を行った。一方、自らは当時の文芸や絵画、浮世絵を楽しむ素養もあった。享保の改革、天保の改革とともに江戸の三大改革とされる。

阿修羅像▼仏教の守護神で主に三面六臂(三つの顔に三本の両腕)の姿。奈良・興福寺と京都・三十三間堂の阿修羅像(ともに国宝)が有名。

―「お主もワルよのう」屋ですね。そんなワルが、看板なんか出していていいんですか？

坂　肩書、大事だから。

南　仕事してるフリはしてないと。

坂　ま、昭和の時代は洋品店とか仕立て屋とか、そんなんだったんじゃないですか。で、ここが『南総里見八犬伝』の滝沢馬琴*誕生の地。

―立札が立っている。「読本・黄表紙から随筆にいたるまで、約四七〇種にものぼる著作を残しています」ですって。

―それで積み上がった本の置きものというか、銅像みたいなものがあるんですね。

南　これがだいたい四七〇冊分？　すごいね。

坂　馬琴の硯の井戸というのが、九段下近くにありますよ。あのへんに住んでたことがあるみたい。

―「八十二歳で病没」とありますが、当時としては相当長生きですよね。

滝沢馬琴▼（一七六七〜一八四八年）江戸時代後期を代表する戯作者、読本作者。代表作に『南総里見八犬伝』『椿説弓張月』。浮世絵師の葛飾北斎とは作家とその作品の挿絵家ということもあり親しく交流。晩年は失明、妻や知人の女性が口述筆記をすることに。本名の滝沢を名乗ることもあったが曲亭馬琴とも。

坂　晩年は目が見えなくなって、口述で執筆を続けたっていうね。「口伝する馬琴聞いてる初みぞれ」という句を作ったことがある。目が見えなくなっても口述で本を書きつづけた。

―　「門前仲町に住み、文筆で身を立てようと、寛政二（一七九〇）年山東京伝*のもとに入門しました」。

南　山東京伝は、両国のあそこにお墓がありますよね。あのお寺、なんていうんだったかな、鼠小僧の墓があるとこ。

坂　回向院*。暖簾からだんごっ鼻の男が顔を出している絵柄の、けっこう有名な手拭いがあるでしょ。あれは京伝の『江戸生艶気樺焼《えどうまれうわきのかばやき》』の主人公らしいですよ。京伝本人に似てる、という説もあるけど。

―　あ、海辺橋のむこうにある縁側で、ある方がお待ちです。

坂　海辺橋の下が仙台堀川。川岸には桜がずっと植わっていて、芭蕉の句が書かれた看板もたくさん立ってるんですよ。誰がいるの？

―　その句の主、芭蕉さんのが、またまたお出迎えです。ここが採荼庵《さいだあん》跡です。

山東京伝▼（一七六一〜一八一六年）江戸時代後期の戯作者にして浮世絵師（北尾政演名）。戯作の代表作は『江戸生艶気樺焼』。滝沢馬琴は、この京伝に弟子入りを願うがかなわず。のちにライバル関係に。曲亭《くるわでまこと》馬琴とも名乗り、京伝が曲亭馬琴と洒落で命名したという説もある。

回向院▼荒川区千住にも回向院はあるが、この場合は両国駅からすぐ両国二丁目の浄土宗の寺院。宗派にかかわらず災害で亡くなった人や動物を葬っている。

南　採茶庵って、こんなに薄かったんだぁ。
―　縁側以外の建物部分が、ほとんどないですね。
（南・元祖愛好家、おもむろに、芭蕉さんの頭に自分の帽子を被せる）
―　あ、急にかっこよくなった！　それによく見たら、隅田川べりの回る芭蕉に比べてこっちの像のほうがハンサム。
南　この芭蕉翁もいい杖、持ってるね。
坂　芭蕉はステッキを持って旅する本家です。
坂　たしか小津安二郎も、この深川一丁目あたりで生まれたんですよね。どっかに「生誕の地」と書かれた案内板があったはずだけど。
―　法乗院が見えてきました。ここは日本一大きいゑんま様で有名ですよね。
坂　電動ゑんま、ね。
南　時間が来たら回るの？
坂　いや、さっきの芭蕉像じゃないから。お賽銭入れると電動でしゃべるの。

――お賽銭入れがバラエティ豊かで、「家内安全」「夫婦円満」などのほかに「ぼけ封じ」や「怨敵退散」なんていうのもあって。そこにお金を入れると、ゑんま様がありがたいお話をしてくださるんですよね。

南　こっちに、曾我五郎の足跡《あしあと》がある。

坂　歌舞伎や浄瑠璃にもなった曾我兄弟の仇討ちの、弟のほうですね。

南　銅板の上に足跡が……。岩がまだあったかいうちに、ジュッとやったんでしょうね。

坂　我慢強いね。

南　五郎があるなら、兄の十郎のもあってほしいね。

坂　でもこれ、ちょっとデカすぎるよ。ジャイアント馬場くらい？

――こりゃ、三十センチくらいはありますね。

元祖・本家のフロンティア？

――そろそろ門前仲町です。

坂　辰巳新道、この店。ここは、なかなか入れないですよ。煮込みマニアにとっては憧れの店。

―　「大坂屋」、牛煮込みの店なんですね。

坂　いま、空いてない？　そうですか、また来まーす……やっぱり、いっぱいでした。

―　午後四時開店とあるのに、四時半の時点でもう満席ですか。

坂　ちょっと、この角を曲がりましょう。このへんの横丁がまた、いい感じなんですよ。飲み屋がたくさん並んでいて。

南　この共同トイレが、またいい。ちょっと視察に。

―　道がこう、ちょっとくねっていますね。

坂　もとは闇市だったからじゃない？　戦後のマーケットというか、その感じが、そのまま残ってるんだと思いますよ。

南　公衆便所の、もっとシュッとした感じでした。

―　さすが辰巳新道専用トイレ、普通の公衆便所とはわけが違うと。

坂　はい、ここが「だるま」、この店がまた有名なんですよ。しばらく前まで店の前に立っていたマスターがいい男でね。ここらでちょっとひと休み……の前に、もう少し歩きますか。

— ここらへんは、まさに門前町ですね。深川不動尊と富岡八幡宮とがあって。「三色もなか」と書いてある、あそこの和菓子屋は元祖でも本家でもないんですが、どちらかを名乗ってもいいくらいの店構えだと思いませんか?

南 本当だ。あれは名乗るべきですね。

— でも、名乗らない。きっと奥ゆかしいんだ。その並びの「魚三」も有名な飲み屋で、まだ日の高い、三時くらいから行列していたりします。

坂 こっちに元祖がありますよ。あげまんの「宮月堂《みやげつどう》」。ここも売り切れゴメンの店。

南 あ、ここのは、食べたことあるなぁ。

坂 こしあんで、衣に塩味がきいてて、なかなかですよね。かたくなったら温め直すと香ばしさも一段と。

― この通りは、深川不動尊の参道ですね。

坂 ここにある「折原商店」って立ち飲みの店は、日本酒がすごくあって、しかも百円とか二百円とかで、おでんとか駄菓子とかのおつまみが買えるんです。

― おお、混んでる。しかも、若い人ばっかりだ。

坂 昔はこのへんで、屋台できんつば売ったりしてたんだけど。あその煎餅屋は「其角」っていうんですよ。やっぱ、芭蕉の弟子の其角*にちなんでるのかな。「鐘ひとつ売れぬ日はなし江戸の春」は其角だね。

南 そうね。春らしい句です。

坂 「花の雲鐘は上野か浅草か」は芭蕉だったたか。この道を、ちょっと横に入ると、また風情があってね。

― あっちに行くと富岡八幡宮ですね。

坂 富岡八幡宮には、力士塚がありますね。

南 しかも、横綱力士塚。あれ、ここ「伝説のポテトサラダ」作ってますよ。

芭蕉の弟子の其角▼（一六六一～一七〇七年）宝井其角また榎本其角。松尾芭蕉の門下の江戸前期の俳諧師。芭蕉の正風に対して其角の句は洒落風とも称された。時の流行語や事柄を折り込んだと思われる遊びの要素のある難解句も少なくない。「夕すずみ　よくぞ男に生れけり」「夕立や田を三囲りの神ならば」も其角の句。

— 元祖、本家に続く第三勢力、「伝説」の登場だ！　こっちは、物干しハンガーで魚干してます。

坂　「富水《とみすい》」、いいお店ですよ、ここも。奥で食事もできますし。毎年ここで、ある作家を偲ぶ会をやってます。

— あのビルの上のほう、「おかま始めました」って何だろう？

南　釜飯だろと思ったけど、ほんとにおかまの店なんですねぇ。

坂　宣伝しちゃうところが、頼もしいなぁ。

— そっち系の店がいっぱい入ったビルみたいですね。

坂　ここの商店街は、チェーン店もあるけど、個人商店もわりと残っていて、楽しいですね。しかも、けっこう活気があって。「大坂屋」、もう一回行ってみますか。あのー、四人なんですけど。

— よかった。入れそうです。

南　なぎら健壱、* 児玉清*……。

— 有名人の色紙がずらりですね。テレビの取材のときかな。

坂　瓶ビールと煮込み四皿で。

なぎら健壱▼もちろん、ご存知、居酒屋通でカメラの腕でも知られるフォークシンガーにして希代のエンターテナー。生まれは東京・銀座木挽町。著書に『日本フォーク私的大全』『東京酒場漂流記』『下町小僧』他多数。

児玉清▼（一九三三〜二〇一一年）司会者、俳優。クイズ番組「パネルクイズアタック25」の司会で人気を博す。読者家としても知られ、エッセー集も著している。

―　手拭きがさらしってところが、いいですね。
坂　ここ、全部で十人くらいしか入れないでしょ。だから、本当は四人なんかで来ちゃいけないんだよね。
―　カンパイ！　今日もありがとうございました。
――女将　はい、煮込み二人分ずつです。
―　ここのは、串にささって出てくるんですね。ん！
南　おいしい！
―　うまいな〜。
南　深川も面白かったね。
坂　途中、のらくろ〜ドに行かないとか、清澄庭園を横目にとか、ひょいひょい飛ばした感じがよかったですね。全部行ったら、ダサいもんねー。こういうことは一生懸命やっちゃいけません。ところで元祖愛好家のシンボーさん、煮込み食べるのが、すごく早いですね。
南　最初にね、ばくっと食っちゃったんですよ。まちがって軟骨を、ばくっと、一個ずつじゃなく、一挙に。

坂　よっぽど歯がいいんですね。
―　先日、麻布十番の「あべちゃん」でも煮込みを食べましたよね。実はそれまで、煮込みってそんなに好きじゃなかったんですが、「あべちゃん」で開眼しました。以降、煮込みがメニューにあると頼んでいます。
―　そういえば、さっきのカレーパンもおいしかった。
南　中村屋*のカレーパンは元祖じゃないの？
坂　あそこは元祖インドカレーじゃない？
―　有名なインド人が来て、作ったんですよね……なんたらボース*？
坂　なんたら坊主？　インド独立の恩人、チャンドラ・ボースのこと？中村屋にカレーを伝えたボースとはまた別のボースらしいけど。
南　銀座のナイルレストランも、ボースと関係あるよね。どっちのボースかな？　高校生くらいのときに行ってカレー食べてると、あそこさ、ナイルのおじいちゃんがこっち見てて、「まぜる、まぜる」って。まぜないと、怒られちゃうんだ。

中村屋▼インドカリーで知られる新宿中村屋。大正一二年創業の老舗レストラン。

ボース▼創業者の相馬愛蔵の娘が結婚したインド独立運動家のラス・ビハリ・ボース。このことから、中村屋は本格的インドカリーを売り出すことになる。

― 毎回この話になっちゃいますけど、本家はやっぱり少ないですね。
坂 ま、本家ってくらいですからね。そんなに、あちこちにはない。でもさ、元祖でも本家でも総本家でも、要するに言ったもん勝ちでしょう。
南 分類を細かくしていけば、いくらでも言えるはずだもんね。
坂 名乗ると手抜きできなくなる。
― その点、森下や門前仲町には、元祖や本家と名乗るにふさわしい、風格ある店が多かったですね。考え方によっちゃ、ここらへんは元祖・本家のフロンティアってことになる。ここはひとつ、センセイ方に元祖や本家の称号を与える元祖と本家になってもらって……店にハクがつくって喜ばれますよ、きっと。
坂 元祖・本家ビジネスでひと儲けですか……悪くないですね。フッフッフ……。
南 お主もワルようのう。
坂 最中の箱の中に小判がビッシリ、ちゃんとよこしなさいよ。

Part. 3

伝統の誇り
上野、湯島界隈

上野といえば上野公園の博物館、美術館か謝々《シャンシャン》の動物園——。それも結構だが、その山下もいまや国際的な繁華街。アメ横のエネルギッシュな人々の往来を見よ！また、昼間から居酒屋からあふれるように飲んでいる人々。これは平和なる世界の奇観ではないか。しかも、そんな町に、名だたる元祖、本家の老舗が、しっかりとその伝統の誇りを守っている奇跡！

「本家」半可通の過去を知る町

南　今日は月賦払いの元祖からスタートですね。

—　え？

坂　丸井は日本で初めてクレジットカードを発行した、元祖・クレジットカード払いなんでって。

—　そうなんですか！　今日はここ、上野の丸井のすぐ近くにある和菓子屋さん「岡埜《おかの》＊栄泉《えいせん》総本家」からスタートしようと思って、こちらにお集りいただいただけだったんですが。

坂　近くの御徒町や谷中にも、「岡埜栄泉」ってありますよね。

南　この「埜《の》」は、珍しいよね。昔、「河埜」って野球選手がいたけど。

—　ジャイアンツの。南海にもいたような……。

南　河埜和正と河埜敬幸。あの二人、兄弟です。

坂　ここは豆大福が有名ですが、きんつばもいいですよ。日持ちがいいし、冷やしてもおいしいんですって。

岡埜▼「埜」の訓読みは「野」と同じく「の」で音読みは「や」。意味も「の」「のはら」「郊外」と「野」と同様。知らないとなかなか読めない字だが「岡埜栄泉」のおかげで（?）下町育ちは、この「埜」の字は親しい。

南　あ、『うえの』*が置いてある。
―　上野のれん会が出している地域情報誌ですね。
――店員さん　いらっしゃいませ。
坂　あの、「岡埜栄泉」ってお店はいくつかありますよね。
――店員さん　名前は同じなんですが、経営はすべて店ごとに別々でして。ここと同じ系列は、大丸東京店のみでございます。
坂　あ、そうなんですか。
―　こちらは、サッカー界で有名な岡野俊一郎《おかのしゅんいちろう》さん*が代表をされているお店でもありますよね？
――店員さん　そうです。
南　へぇ～すごい！　ところでこの大福、いいね。
―　何大福ですか？
南　絵の大福。
坂　「絵に描いた餅」じゃなくて大福。誰が書いたの？
南　サインは入ってないですね。

『うえの』▼「上野のれん会」が毎月刊行している地域雑誌。創刊は一九五九年五月。『銀座百点』と並ぶ、タウン誌の〝老舗〟。南伸坊、坂崎重盛も常連執筆者。高級志向の『銀座百点』と庶民派の『うえの』と好対照。

岡野俊一郎▼（一九三一～二〇一七年）東京都・上野生まれ。東京大学卒。元・日本サッカー協会会長。日本サッカー界はもとより日本スポーツ界の発展に寄与。知的で紳士的なスポーツマンとして人気もあった。和菓子の当「岡埜栄泉」の代表取締役だったことは知る人ぞ知る。

——店員さん　名もなき、知り合いの絵です。

坂　知り合いでも、名前くらいあるでしょう。

南　謙遜な画家。

坂　「復刻 明治六年どら焼き」だって。僕はこれと、きんつば。

南　ぼくは、きんつばを二つで。

ー　上野といったら、有名な西郷さんの銅像*は、元祖・銅像とは言えないんでしょうか？

南　銅像界では、最初のほうに作られたものではあるでしょうね。

坂　靖国神社の大村益次郎像*は、けっこう古そうじゃない？

南　ああ、そっちのほうが先かも。どっちも明治だと思うけど。

坂　あ、あんみつの「みはし」。昔、不忍池からここらへんに川が流れてて、そこに橋が三つかかっていたっていうのが名前の由来なんですって。ここは元祖じゃないの？

ー　元祖でも本家でもないけど、老舗として有名な店ですね。

坂　甘味処で元祖っていったら、ここらへんじゃ小倉アイスの「みつば

西郷さんの銅像▼上野公園のシンボル、待ち合わせスポット。彫刻家・高村光雲（高村光太郎の父）の作。一八九八年（明治三一年）に除幕式が行われた。愛犬を連れての浴衣姿が印象的だが、親族からは「あんな格好で散歩などしなかった」というクレームが出たというエピソードがあるが、これほど国民から親しまれてきた銅像はないだろう。

大村益次郎像▼一八九三年に山形有明の肝入りによって立てられる。そして、この銅像が西洋式銅像の初めとされている。大鳥居から靖国神社への通路の中央に立ち首から双眼鏡をぶら下げているのがユニーク。

ち」か。

南　「みはし」と「みつばち」、似てるね。

坂　おっ、そこを曲がったところに元祖がありました。「釜めし 春」ですって。この「春」って釜めし屋、浅草にもありますよね、大きい店が。この先の「ＡＢＡＢ」はもと、赤札堂といってね、僕が学生時代に初めてバイトしたところ。

南　元祖・バイトの店。

坂　しかも、婦人用の下着売り場。

―　そのころ、住まいはどちらだったんですか？

坂　墨田区。

―　じゃ、けっこう近所ですね。

坂　上野広小路止まりのバスで、家からここまでイッパツで出られました。ところが家族からは「そんな時給の安いところで働いてないで、うち手伝えばいいじゃない」って言われたけど。実家が酒屋だったから……。家の見栄ですね。当時、バイトするなんて外聞がわるい、とかいう。

――　家での仕事はイヤだった？

坂　いや、そういうんじゃなくて。外で……。

南　アルバイトってものをやってみたかったんですよね。

坂　そう。それに、赤札堂なんて、店員の女子が大勢いそうじゃないですか。お金もらって女子会に参加って気分かな。

――　かつては、日用品なんかを売っているスーパーみたいなお店だから。

南　女性の下着売り場じゃ、女の人いっぱい来たでしょ？　女子しか買いに来ないでしょ？

坂　ま、基本はそうですけど……。

――　基本はそうですけど？

坂　安売りのコーナーで。清川虹子*似のおばさまとか……。あき竹城*っぽい美丈夫とか……。お、「酒悦」、ここは納豆もめちゃくちゃうまいんです。

清川虹子▼（一九一二～二〇〇二年）。千葉県生まれ。人気喜劇女優。一九五二年、日本を代表する喜劇俳優（「アジャパー」が流行語に）伴淳三郎と結婚（のちに離婚）。「サザエさん」シリーズの磯野フネ役で出演。

あき竹城▼一九四七年生まれ。ヌードダンサーとして日劇ミュージックホールに出演。「山形弁のズーズー弁のコメディエンヌ」として人気を得、多くの映画でも、そのキャラクターを発揮。

— 「酒悦」といえば、元祖・福神漬けということしか頭になかったので、意外です。

坂 ここの納豆、包装もオシャレでしょう。高級感があってね。で、粒が小さくてね、作家の村松友視さんが大好きだって、何かに書いてらっしゃいました。こちらはもともと女性の社長さんが経営者でしたよね。

——店員さん　ええ、いまは東洋水産の経営になっているんですが。

坂 へぇ、そうなんですか。以前は都立三商*出の女性社長が経営者だったんです。

— よく、そこまでご存じですね。

坂 いいや、昔は女性社長ってあまりいなかったでしょ。逆玉に乗るのも、いいかなーと思って。

南 ふ～ん。ほら、漬物とか、煮豆とか、試食がいっぱい。これは大変です。

坂 別に、全部食べなくてもいいんですよ。

都立三商▼一九二八（昭和三）年開校の伝統ある商業高校。下町商家の子弟が多く、この学校を志望する。著名な卒業生としてはアナウンサーの糸居五郎、詩人・田村隆一、俳優・殿山泰司など。学校は江東区越中島に所在。

― あの、ショーケースの上に飾られた昔の看板がまた、いいですね～。ちゃんと「元祖」と入ってる。

――店員さん　もともとは福神漬け、それから海苔の佃煮と茎わかめで始まった店なんですよ。

坂　看板の「東叡山　池之端」っていうのは、まさにここらへんのこと。東叡山*は上野の寛永寺のことで、東の比叡山って意味です。じゃ、どうも～。

― 酒悦はすぐ隣が演芸場なんですね。

坂　鈴本演芸場ね。

南　入口の狛犬が、二匹とも「あ・あ」になってる。

― あ、本当だ、「あ・うん」じゃない。寄席だけに、笑っているんでしょうか。

坂　子供のころの、おでかけっていうと、浅草松屋じゃないんですよね。ここまで来るの。

南　浅草は、近すぎるから?

東叡山▼天台宗・東叡山寛永寺。開基は徳川家光。開山は天海大僧正。徳川将軍家の菩提寺。江戸城の鬼門(東北)に建立、わが国随一の大寺院。西の比叡山延暦寺に見立て、不忍池は琵琶湖になぞらえる。

坂　なぜかね。なんか松坂屋のほうが上、っていうイメージだったのかなぁ。

—　やっぱり上階にある大食堂とかで、食事したりしたんですか?

坂　あんま記憶にないけど、たいてい、お姉さんたちと服なんか買い物に来た感じ。このへんじゃ、ホットケーキを食べた記憶があるなぁ。松坂屋じゃなく、「永藤」*だったかもしれない。

—　「永藤」は、いまはいろいろな店舗が入ったビルになっていますけど、昔はパン屋さんだったんですよね。ホットケーキはたしか、名物だった気がします。

ついに、初!

坂　ここらでちょっと、湯島のほうへ足を向けてみましょうか。この先には、「うさぎや」*って老舗の和菓子屋さんがありますよね。

南　どら焼きが有名な。

永藤▼現在は上野広小路の貸しビル、永藤ビル。かつては「永藤パン店」として、パーラーでホットケーキ、クリームソーダやケーキが人気の店。創業は一九一二（大正元）年。シベリアケーキは、ここ永藤パンが元祖という説も。

うさぎや▼どらやきと最中が人気で車でも乗りつけて買ってゆく客を見かけることもある。一九一三（大正二）年の創業。どらやきを目当てにこの店に行く場合、四時過ぎならば要予約。閉店は六時。この「うさぎや」実は、幻想文学と、永井荷風とも縁がある店。

ー　あ、あの先に見えてきたのが、さっき言ってた「みつばち」ですね。
坂　あれ、「みつばち」の先にも、和菓子屋さんあったよね？　えーっと、「つる瀬」だ。
ー　この界隈は、和菓子屋さんが多いんですね。「花月」という、有名なかりんとう屋さんなんかもありますよ。
坂　おっ、この道を入ったところに、また元祖が！　ここも知らなかったなぁ。元祖ってどこにでもありますね。本家に比べてハードルが低いんだな〜。
ー　元祖、何でしょう？　ハングルが読めない。
坂　「チゲマウリ」ってカタカナで書いてありますよ。
南　上のほうの看板なのに、よく見つけましたね、あんなに小さい元祖。自分でもなんか見つけたくなってきた。
坂　じゃ、みつばちのアイスでも食べながら探しますか。中であんみつやところてんを食べるのもいいんですけど。夏はかき氷もうまいですよ。

——店員さん　いらっしゃいませ。

ー　抹茶、黒蜜、紫芋、ハニートリプル、ヨーグルト……種類がかなり豊富です。

坂　でも、ここはやっぱり元祖・小倉アイスで。

——店員さん　求肥は入れますか？

南　僕は入ったほうがいいな。

ー　こちらは一九一五（大正四）年創業だそうです。甲子園の開始年と同じだ。

坂　すごいボリューム、いただきまーす。普通のアイスクリームより、もっとさっぱりしてますね。

ー　小豆《あずき》の味がよくして。好きな人にはたまりません。このへんの路地は、なんだか飲み屋だらけ……あ、今度は本家！

坂　また見つけたの？

ー　「本家・南部百姓家」。ここも新発見です。

南　あっちの「岩手屋」って飲み屋は、「奥様公認酒蔵」だって。

―　こっちの飲み屋の看板は、横書きの「ここ」を縦書きの「ここ」が挟んでいる。何て読むのかな？

南　「ここここここ」。ニワトリの店です。

―　正面の「シャルマン」って喫茶店は、昔ながらの店っぽいですね。

坂　壁面に飾りがあったり、ステンドグラスのはまった横長の窓があったりして、けっこうモダンなビルですね。

―　隣の小学校は、由緒正しそうだなぁ。

南　黒門小学校っていうんですよ。文楽さん*が高座でつまったときにね、「勉強しなおしてまいります！」って言って来たのがここです。

坂　本当に～？　で、あまりにも勉強のほうが面白くなっちゃって、あれから二度と高座に戻ってこなかった？　勉強熱心もほどほどに、っていう教訓？

―　八代目桂文楽は完璧主義者で、だからこそ、つまった自分が許せなくて高座を下りたというのが定説だと思いますけど……。

文楽▼一八九二（明治二五）年～一九七一（昭和四六）年。現在の、桂文楽の弟子として入門した桂小益が一九九二年に九代目に襲名した。古今亭志ん生、三遊亭円生とともに戦後落語界の名人といわれた。「船徳《ふなとく》」芸は艶があって品がいい。「明烏《あけがらす》」「富久《とみきゅう》」などを持ちネタとする。生涯、艶聞家として周囲には知られていた。

坂　文楽は「黒門町の師匠」って呼ばれてたくらいで、ここらへんに住んでたんですよね。

南　黒門小学校、いい建物ですね。

坂　横にある幼稚園も、むちゃくちゃいい。どっちも昔のモダン建築って感じですね。

南　色は、後から塗ったっぽいね。

坂　なんか、不思議な色。あの窓ガラスはいいよね。

南　少し波打ってる感じがね。

坂　さて、中央通りが見えてきたら、そろそろうさぎやがあるはずなんだけど。え、ちょっとそこの看板、「名酒の殿堂 ハクヨー」だって。すごく悪酔いしそうな感じですね。

南　いい酒だけど、ハクヨー?

ー　いくら名酒でも、それはイヤです。ありました、「うさぎや」。軒の上に白いうさぎが乗っている。さすが、「うさぎや」。

坂　どら焼きもいいけど、木の箱に入った最中なんかも、贈り物にいいんですよ。

― 実はこの近くに、総本家ならぬ「総元祖」の店があるみたいなんです。

坂 ついに、元祖の中の元祖が⁉

南 総本家があるんだったら、やっぱり元祖にも総元祖がなくちゃね。初めて総元祖と名乗ったんなら、元祖総元祖？　総元祖元祖？　総総元祖？

― 頭がこんがらがってきました。

坂 この先に黒い板張りの、いもりの黒焼き売ってる古い店がありましたよね。回春・強壮に効くといわれてきた。

― そうです、そうです。しかも、いもり以外の黒焼きもいろいろあるみたいで。

坂 たしかに、ガラス越しに、いろんな瓶が置いてあるのが見えたっけ。

南 「総元祖　黒焼き」の看板、年季入ってて、なかなかいい。

ー　何の黒焼きか、漢字で書いてある。
坂　いもりを「意守」と書くのは珍しいね。
南　普通は「井守」？　もっと難しい字だったかな。
ー　意守以外にも、蝸牛《かたつむり》、田螺《たにし》、寒鮒《かんぶな》、大蒜《にんにく》……。
南　「お気軽にお入りください」だってよ。
ー　「肝ぞう、糖尿の方、おきがるにお入り下さいませ」ともありますよ。
南　糖尿の方、前に。
坂　肝ぞうの方は糖尿の方の後ろに並んで下さい、とか？　前に立つと、入口が店に向かってちょっとナナメになってるもんだから、体が前に傾いて、自動ドアがすっと開いちゃうんですよ。
南　入った途端にドアがばちっと閉まって。
坂　もう、出られない。
南　で、イモリの黒焼きを振りかけられちゃう。それで、もうムラムラ……。

―　通りの向こうに、「額縁会館」と書かれたビルがありますよ。額縁協会とか額縁愛好家とかが集まるんでしょうか。

坂　いま、いろんな団体がありますからね。九段下のアイスクリーム協会とか、上野の奥の日本伝書鳩協会とか。

―　ここから少し離れますけど、やはり東上野には納豆連（全国納豆協同組合連合会）なんて団体もありますよ。

坂　じゃ、額縁会館のほうへ渡ってみましょうか。元祖「額縁ショー」*は、新宿の帝都座？　ま、御徒町のほうへ歩いてみましょう。

―　あ、「燕湯」。ものすごく熱くて有名な銭湯です。

坂　僕、入ってますよ。作家の石田千さんなんかと一緒に来た覚えがあります。一緒には入らなかったけど。

―　ここは、早朝六時からやっているんですよ。昔、近くにやっちゃ場（青物市場）があった関係で、朝早くからやっているんだそうです。

南　あの、「わ」って書かれた木の板、なんでしたっけ？

―　板に「わ」なので「沸《わ》いた」。営業中って意味の看板です。あれが

額縁ショー▼敗戦後の男たちの心を癒したストリップショーの一様式。「ヌードはOKでも動いてはいけない」というお達しに対して、裸体画を模してエロスを表現した。今日のアダルト風俗から思えば夢のような純朴さ。当日、スケスケのバスタブによる入浴ショーもあった。

「ぬ」だと、「抜いた」で閉店。

坂 だったら板に「あ」で「あ、痛」、板に「な」で「泣いた」、板に「は」で「吐いた」でもいいんだ。

南 斜めのとこは階段になってるんじゃない？

― 銭湯の入り口の横に、ハワイアンジュエリーの店の入り口があります。

坂 もしや、二階が店になっている？

南 銭湯も多角経営の時代だ。

― お、ちょうど「本家 ぽん多」の前に出ました。とんかつの店です。

坂 ここらへんは「蓬莱屋」とか「井泉」とか、とんかつ屋が多いんですよね。ファンの間でも、好みが分かれるらしい。「武蔵野」なんてのもあります。

― そういえば、ここからわりと近くに、ヘビ屋がありませんでした？たしか、春日通り沿いにあったような……。

坂 黒焼きじゃないけど、あれも強壮剤というか、薬ですよね。ああ、

「漢方薬　まむし」と書いてる、あそこあそこ。
南　創業文久二年だって。
―　店名も、まさに「文久堂」ですって。
坂　お客様、まむしは黒焼きでお持ちになりますか？　生でお持ちになりますか？
南　持ち帰らないって選択肢はないんでしょうか？
坂　この、ショーウィンドーにいるのはシマヘビ。昔はもっとたくさんいたのに。
―　じっとしてますけど……わ、動いた！
坂　（ガラスを軽く突っつきながら）来い来い来い来い来～い。
―　戯れてますねぇ。
坂　あ、「ガラスを叩かないで」だって。
南　あの張り紙、ものすごく昔に出した感、あるね。
―　でも、絶対見えるようにしてある。
坂　僕みたいなヤツがいるんだろうね。

―　店の横の道、たぬき小路っていうのか。あそこは神社ですか？　お寺ですか？

坂　摩利支天*だからお寺です。

―　お寺の正面は「二木《にき》の菓子」。あ、隣もだ。

坂　二木、二木、二木、二木、「二木の菓子」は、安売り王の元祖とかじゃないのかな。現金問屋の元祖とか。

南　二木ゴルフとの、元祖・多角経営とか。

―　それと、屋台風の食べ物さんが以前より増えているような気がします。台湾料理の店から、ケバブの店まで……。

南　なんだか日本じゃないみたいだね。

坂　もちろんアメリカの横丁にこんな町、ないでしょうし。

元祖・本家の町めぐり、早くも終了？

坂　ここらへんで休みますか。「大統領」。ここはガード下に本店があっ

摩利支天▼ＪＲ御徒町駅北口よりアメ横に向かってすぐ。正しくは摩利支天徳大寺。商店街からは仰ぎ見る位置にある。江戸初期寛永年間の創建、今日では「気力・体力・財力」をアップするパワースポットとして知られている。

て、二つ支店があるうち、もういっこのほうが古いんだけど、いちばん大きいのはここ。
南　本店は総大統領？
坂　そう言えなくもないね。ヨッ！　だいとーりょー！
南　次に出す支店は「トランプ」だな。
―　ふぅ、アメ横*は暑かった。
坂　じゃ、みんな生ビールにしちゃいますか！
―　まだ明るいうちから、こうして外の席で風に吹かれながらビールが飲めるなんて、サイコーですね。
一同　カンパーイ！
坂　何、いきます？　ごぼうの浅漬け、タラチャンジャ、タコの塩辛なんかもある。
南　里芋焼き、いきたいな。たたみいわしと。
坂　じゃ、そんな感じで。ここの向かいの店はね、店員のおねーさんたちがみんなぽっちゃり系なの。ながめているだけで平和な気分になりま

アメ横▼戦後の闇市から発展。アメ屋横丁ともアメリカ横丁とも、呼び名の呼び名は諸説あるが、現在は「アメ横商店街連合会」が正式名。年の暮の市のにぎわいは毎年テレビなどでも取り上げられていたが、最近は平日でも外国人客でごったがえしている。人気居酒屋も多く〝昼飲み〟ができる呑ん兵衛の聖地でもある。

す。で、向こうに見える立ち飲みの「たきおか」は、朝七時からやってます。この店がまたメチャ安！

南　しかし、上野も変わりましたねぇ。「東北の玄関口」という昔の面影は、すでにないですね。

坂　この、すぐ近くに「夜行列車」というシブイ、昔からの居酒屋があるんですよ。この時間、四人だと入るの無理かな。

ー　東北新幹線も、もう上野が始発じゃないし。そのうち上野は通過するようになっちゃうかもしれない。

坂　外国人にとっては、夢のようないいエリアですよね。外国じゃ、朝から飲めるなんて考えられないですよ。

ー　アメ横で買い物もできるし。

南　ここらへんだったら、爆買いしても、たいした額にならないんじゃない？　最近は、すっごいお金持ちじゃない人も、けっこう来てる気がする。

坂　この席、人が通るのを眺めるのにもいいですよ。「さまざまな人が通って日が暮れる」*って川柳、ありましたよね。好きなんですよ、この句。

南　ものすごく、のんびりしてるね。

坂　緊張感、持とうぜ！

南　だって、そうなんだもん。

坂　（こっそり南さんをニコニコと指さして）「間違って大人になったような人」*っていう川柳もありました。

南　ここいら歩いている人って、その気になると、みんな日本人に見えない。そういえば最近、頭の両側をすっごい刈り上げるの、人気ありますよね。

―　若い人で、よくやっている人、見ますね。

南　北朝鮮の総書記みたいな。あのおじいちゃんは、似てるな、神田の「顔のYシャツ」ってあるでしょ。あそこをけっこう贔屓にしてたんですよ。

―　日本人料理人も行っていたし、けっこう日本贔屓なんでしょうか。

さまざまな人が通って日が暮れる▼江戸の雑俳集『武玉川《むたまがわ》』に収められている一句。一見、古典とも思われない人生洞察の普遍性をもつ名句。

間違って大人になったような人▼こちらも五・七・五の川柳。現代の川柳作家、岩井三窓の句。たった十六文字で、このような真実をピックアップするのだから川柳という文芸表現はすばらしい。

あの料理人、いまごろどうしてるのかなぁ。

南 ちょっと前にテレビで見ました。髪をこう、しばって、怪傑ハリマオ*みたいなかっこして。

坂 ハリマオの歌、知ってます？

南 まーっかなたいよ〜う、もぉえーてぇいる〜♪

坂 はーてーないみなみの〜、おおーぉぞらに〜♪

— あれを歌っているのは、三橋美智也ですよね。

南 三橋美智也の声は気持ちいいんだよね。基本が民謡だから。

坂 ♬ハーリマーオォに、まみーれてーヨ〜育てた栗毛〜♪

南 それ、三橋美智也でも「達者でナ」！

坂 そろそろ、湯島のあたりをぐるっと回って、「シンスケ」、あそこに行きましょうよ。

南 おお、いいですね。「シンスケ」も古いですよね。

坂 お酒も食べ物もおいしい。じゃ、不忍池の蓮でも眺めながら行きましょう。

怪傑ハリマオ▼正しくは「快傑ハリマオ」。日本テレビで一九六〇年四月五日から一九六一年六月二十七日まで放映。舞台とストーリーは太平洋戦争直前の東南アジア。ハリマオと名乗る日本人が東南アジアを支配しようとする大国の軍部や武器商人・スパイ団などを向こうにまわして戦う伝奇的痛快冒険ドラマ。三橋美智也が歌う主題歌とシーンの一部はユーチューブで見られる。制作は「月光仮面」と同じ宣弘社で日本初のカラーテレビ映画。

南　いま通ってきた道は、よかったね。
坂　湯島天神の下の道ね。
――苔がきれいで。最近、苔の特集をやったばかりで、編集部にはいま、苔ブーム到来中なんです。
南　苔はけっこう流行ってますよね。
坂　〝苔女《コケジョ》〟なんて、いるもんね。なんか全身が緑色の……。マリモみたいな？
――不忍池の蓮は、つぼみがけっこうあって。夏が楽しみな感じでした。
坂　池にできてた遊歩道、あれは新しいね。昔はお茶屋さんとか、あったんだけど。弁天堂のほうには、まだあるのかな。
――「シンスケ」は、「大統領」とうって変わって、落ち着いた雰囲気。もうハリマオはやめてくださいね。
南　まだハリマオを田中角栄で歌ってないのに。まぁ、このぉ～……。
坂　（笑）ここは落ち着いて、静かにお酒をいただきましょう。熱燗二

つと、鰊と蕗の炊き合わせと、コノワタ……♬コノーワタ何の木、気になる木～♪

― 落ち着いてください。

坂 ええと、あと、谷中生姜。名物、鰯の岩石揚げ、きつねラクレットも。

――女将 いらっしゃいませ。嵐山(光三郎)先生、お元気ですか?

坂 どうなんでしょうね。

南 お元気です。

――女将 痛風以来、あまりいらっしゃらない。うちの主人も痛風ですが、元気ですよ。

坂 いや、嵐山さんは痛風じゃないですよ。痛風でした?

南 いや、聞いてないです。

――女将 たしかにご本人が……。

南 冗談だったんじゃないですか?

坂　ご主人、痛風なんですか？

――女将　お料理をあまりいただかないで飲むのでねぇ。

坂　つまみ頼むお金がないのかなぁ。

――女将　あんまりお小遣い、あげないから。店も、一部鉄筋ですが、後は全部、借金コンクリート。それでもう、三十五年。語るも涙、聞くも涙でしょう？　あと十年、ご協力お願いします。

―　借金コンクリート……いつか使ってみたいフレーズです。

南　一部〝鉄筋〟が効いているね。それを抜く人がいる。

坂　鉄筋ヌキトリーノ？……。なんのこっちゃ！　ん？　なんのこっちゃとパンナコッタ*って、似てません？

―　（ジロリ）

南　上野ってタクシーに乗っていると、どこもおんなじようなビルになっちゃってるように見えるけど、実際に歩いてみると、なんかちょっとずつヘンだったね。あの小学校とか、燕湯もヘンだった。かなり面白かった。

パンナコッタ▼イタリアの洋菓子。デザートとして人気がある。見た目はプリンやババロアに似ているが、白いというところに特徴がある。イチゴやパインがトッピングされることも多い。イタリア語でパンナは「生クリーム」、コッタは「煮た」という意味。

坂 風呂屋の上にハワイアンジュエリー。あそこは買わないにしても、入ってみないといけなかったですね。

南 オレもそれは、忸怩《じくじ》たるものがある。次回は「風呂屋の天井のほうで、ハワイジュエリーやってます」をお届けします。

坂 天井知らずの値段だったりして。お楽しみに！

― いや、次回は築地・月島の予定ですっ！

Part. 4

ノスタルジア
築地・佃・月島界隈

花の銀座から、そぞろ歩けば、すぐに築地に。魚市場は場外を残すのみとなったが、ここ築地から佃・月島へ至る散歩コースは明治開化以来、いや江戸開府以来の追憶にひたるにふさわしい。知的好奇心を存分に満足させ、舌の要求にも応える元祖、本家、総本家も勢ぞろいのこのエリア。できることなら昼前から散歩をスタートして昼、夜の町を楽しみたい。

発祥の地、続々登場

―　今日は、お天気があやしいですね。
坂　ま、何とかなるでしょ。この近くに築地小劇場*の跡があるんです。築地小劇場は新劇の元祖、いや家元、いわば本家ですから、ちょっと見て行きましょうよ。
南　本願寺*の隣の辺でしたっけ？
坂　いやいや、はす向かいというか、ちょっと離れてる。
南　あ、じゃ勘違いかぁ。築地に以前、仕事場があって。知ってるつもりだったんだけどなぁ。築地警察の裏に元祖・カツカレーの店ってのがあって……あれっ、この話、まえにしましたね。
坂　ドテ焼きのタレ二度漬けと、ネタのダブル使用はイケマセン。
―　あの角のところの「宮川食鳥鶏卵」ってお店は、歌舞伎俳優御用達の店ですって。緑青《ろくしょう》を吹いた銅板で覆われたような、独特な建物ですね。

築地小劇場▼劇作家・演出家の小山内薫。一八八一（明治一四）年～一九二八（昭和三）年と演出家の土方与志が関東大震災一年後に築地に設立した日本初の新劇の常設劇場。チェーホフやゴーリキなど翻訳劇や創作劇を上演。

本願寺▼浄土真宗本願寺派、築地本願寺。京都の西本願寺を本山とする。現在の本堂は一九三二年に起工、三四年に竣工。インドの石窟寺院風のデザインは伊藤忠太による設計。堂内にはパイプオルガンの設備もあり、ランチタイムコンサートも開かれる。レストランや宿泊施設もあって、総合宗教施設の趣き。

坂　あ、そこの喫茶店はね、店内にターレットが置いてあるんです。

―　ターレット？

坂　市場の中で荷物を運んでいる、小さいトラックみたいな運搬車。おシャレなカフェですよ。で、あそこが築地小劇場跡の碑。

―　こんなビルの谷間にあるとは。「演劇研究のためヨーロッパに留学中の土方與志は、大正十二年（一九二三）九月一日の関東大震災の知らせを聞いて、急きょ帰国、小山内薫に計り、日本新劇の実験劇場をつくることを決意しました」か。

坂　朗読うまいね。うちの劇団に来ない？　って、ぼくは劇団なんかやってなかった。カチューシャかーわーいや、わかれーのつらさ～♪

―　「カチューシャの唄」。

坂　いや、歌っていたのは、新劇女優の松井須磨子だから築地小劇場じゃなくて神楽坂の「芸術座」だった。このレリーフを見ると、築地小劇場はいかにもバラック風ドイツの小劇場って感じ？

南　舞台の書き割りみたいな感じもするね。

ー　碑文は、小説家の里見弴《とん》＊だそうで。

南　あっさりしてて、なかなかいい碑だね。

ー　永井荷風＊の築地時代は、たしかこのあたりにいたんですよね。

南　へぇ、そうなんですか。

坂　鏑木清方＊は、『築地明石町』って名品を描いてますね。モデルはたしか神楽坂にあった写真館の人だけど。

ー　切手にもなっている有名な美人画ですね。

坂　やっぱり、そこの、ターレットの店に寄っていきましょうよ。その名もずばり「ターレットコーヒー」。

南　あ、ほんとに置いてある。

坂　僕はアイスコーヒー。

南　僕も。

ー　エスプレッソで。

——店員さん　エスプレッソは、盃を選んでいただいてます。

南　お猪口でエスプレッソとは、珍しい。このトラックは、お店のもの

里見弴▼一八八八（明治二一）年〜一九八三（昭和五八）年。神奈川県横浜市生まれ。作家・有島武郎、画家・有島生馬の弟。志賀直也、武者小路実篤らの『白樺』の同人。『極楽トンボ』『多情仏心』といった作品で知られる。若いころは、志賀らと吉原などで遊蕩三昧の日を送り、大阪の芸者と結婚。一九五九年文化勲章受賞。小浪安二郎監督、有馬稲子、久我美子らの主演の「彼岸花」、原作は里見による。

永井荷風▼一八七九（明治一二）年〜一九五九（昭和三四）年。『隅田川』『濹東綺譚』『日和下駄』の作者・永井荷風は大正四年から大正七年にかけて築地周辺に二度ほど居を構えている。そのうちの一ヶ所は東本願寺のすぐ近く、東北側とされている。大正初めのころ、荷風の私生活はあわただしく、大正元年、湯島の材木屋の娘・斎藤ヨネと結婚す

ですか？
　――店員さん　お客さまからの預かりものです。
坂　ずいぶん大きな荷物預かりましたねぇ。じゃ、どうも、ごちそうさまでしたー。さて、とりあえず、築地本願寺のほうへ渡っちゃいますか。
南　本願寺は、何かの元祖とか言ってないの？
坂　寺の横に仏具店を作った元祖じゃない？　ここ、本願寺の敷地ですよね。
南　ー　こんなところに、こんな店があるとは知りませんでした。あれ？　あそこ、地面にいきなり橋の欄干みたいなものがある。
坂　備前橋って橋があったみたいです。かつては下を築地川が流れていたらしい。清方の随筆集に美しい装丁の「築地川」というのがありました。著者自装です。
南　ここらへんに、風情のいい旅館が残っていたはずなんですが……営業はもうしてないいんですけど。ああ、大宗旅館、あそこです。

るが、その二年ほど前から新橋の芸者八重次（金子ヤイ）と交情を深めていたのだ。半年もたたぬ次の年にはヨネと離婚。さらに次の大正三年には八重次と結婚。この八重次とも次の年には離婚をしている。

鏑木清方▼一八七八（明治一一）年～一九七二（昭和四七）年。『築地明石町』は美人画、風俗画で人気を博した鏑木清方の代表作。うっとりとうしろを見返るような表情の女性の足元には朝顔、その背景には淡く帆船の帆柱が見える。郵便切手のデザインにも使われているこの作品は個人蔵のため、めったに公にされない。しかし下絵は鎌倉の「鏑木清方記念美術館」で出会える。

坂　いいですね、洒落てますねぇ。

南　あー、ここ泊まったことありますよ。昔はこの塀がなくて、いきなり中が見えた。

—　古い住所表示が、まだ貼ったままになっている。いまは築地七丁目のこのへんを、昔は小田原町と言ったのかぁ。

坂　お、居留地通り*に出ましたね。明治のころ、このあたりは外国人居留地だったんですよね。そのせいか、いろいろ「発祥の地」が多いの。

—　さっそくそこに碑がありますよ。慶応義塾発祥の地ですって。ここには「日本近代文化事始の地」「蘭学の泉はここに」の二つの碑があるようです。

南　「日本近代文化事始の地」の碑の上には、本の形をしたレリーフがある。

坂　あれっ？　「天は人の上に人を造らず、人の下に人を造らず」と書いてあります。ぼくらは「人は人の上で人を作り、人の下でも人を作り

居留地▼築地の外国人居留地。幕末、政府は開港場に外国人のための居留地域を定め居留地とした。築地居留地は明治元年、中央区明石町付近を居留地とし、外国人が棲むためのレンガの洋館などが建てられた。明治三二五年条結改正によって居留地は廃止。

たもう」とか憶えていたけどなぁ。どっちが本当？

ー　なに言ってるんですか！　前の福沢諭吉の言葉に決まってるじゃないですか！　センセー、慶応に何かうらみでもあるんですか？

南　ここは、中津藩の医師らがオランダの解剖書を初めて読んだところとか。

坂　ターヘル・アナトミア、『解体新書』*ですね。

南　『解体新書』の表紙の絵が彫ってある。

坂　ここが、元祖・蘭学事始めだ。

南　僕が行ってた工芸高校も、もともとはこのへんにあったらしい。明治時代ですけどね。

坂　いまは文京区の水道橋駅近くですよね。以前は、雰囲気のある、じつに、いい建物でしたよね。

南　そう、アール・デコ風で。生徒のころは全然いいと思ってなかったんだけど。

ー　この先には、芥川龍之介生誕の地の案内板が立っています。

『解体新書』▼江戸の蘭学医者・前野良沢と杉田畜らがオランダの医学書を一七七四年に翻訳。これが日本初の西洋医学書の翻訳書となるが、その翻訳作業の苦心ぶりは杉田玄白による『蘭学事始《らんがくことはじめ》』に書き残されている。

南　すぐ横には、浅野家内匠頭邸跡の碑もあって。
―　こっちは、女子学院発祥の地。
南　今度は、立教学院発祥の地だよ。そこら中、発祥だらけだね。
坂　雨後のタケノコのように、ニョキニョキとあれこれ発祥して。あれっ、石碑が、ちょっとイサム・ノグチ*っぽいね。
―　学校でいうと、明治学院発祥の地も、この周辺みたいです。
南　指紋研究発祥の地とかもありますよ。活字発祥の碑なんていうのも、どっかで見た気がするなぁ。もう、発祥乱立。

教会をめぐり、本家へ

―　このへんは聖路加国際病院*の敷地ですね。あの洋館はトイスラー記念館。隅田川沿いに病院の宣教師館として建っていたものを移築してきたそうです。
南　そこの、教会の建物の中に、伝染病を媒介するネズミとかハエとか

イサム・ノグチ▼一九〇四〜一九八八年。ロサンゼルス生まれの日系アメリカ人。彫刻、また造園作家として知られる芸術家。二〇一八年、東京オペラシティアートギャラリーで全容を紹介する展示が開かれた。

聖路加国際病院▼築地明石町にある総合病院。築地の外国人居留地にスコットランドの宣教医師が病院を設立したのを前身とする。その宣教医師が帰国したあと廃業した病院をアメリカの宣教医師・トイス

蚊のレリーフが壁に飾ってあるんだ。病院だから。

― 病院関係者じゃなくても入れるんですか？

坂 誰でも入れます。病人でも。すごくきれいですよ。ちょっと寄ってきましょうか。

――守衛さん こんにちは、どちらへ行かれますか？

南 ちょっと見学したいんですが？。

――守衛さん そうですか、どうぞ。あ、カメラをお持ちのようですけど、撮影はできないのでご注意ください。

― はい。通路の左右にある木彫、どうも七福神がモチーフになってるみたいですね。教会なのに、不思議だ。わぁ、これが例のレリーフですか。きれいですねぇ。ネズミやハエをかたどっているのに、悪趣味なところが少しもない。

坂 これなんか、シラミじゃない？ ♬ノミと～シラミに～か－こ－まれて～♪ ブルブルブル～シャト～。＊

― 囲まれたくないなぁ。

ラーが取得、聖路加（聖ルカ）病院とする。太平洋戦争時、この病院があったために、この一帯は米軍の空襲方からまぬがれたという説がある。二〇一七年、一〇五歳で亡くなった日野原重明はこの病院の院長であった。

ブルーシャトー▼グループサウンズのジャッキー吉川とブルー・コメッツが一九六七年にリリース。歌い出しが「森と泉に囲まれた」だが、替え歌の「森とんかつ泉にんにく――」も子供の間で大流行した。ということは、それほどヒットした曲だったということだろう。作曲はグループでフルートを吹いていた井上忠夫。井上は後に大輔と名を変え、郷ひろみ「2億4千万の瞳」、ラッツ&スター「ランナウェイ」など、多くの歌手に楽曲を提供している。

坂　ランプには、クジャクがデザインしてある。こっちの天秤のレリーフも、いい。

―　うれしいですね。この近くに、和菓子の「塩瀬総本家」があるんです。川っぺりの、周囲には何もないようなところなので、唐突に和菓子屋さんがある感じなんですが。

坂　近くの新富町はもともと花柳界のあったところだし、和菓子の需要も、かなりあったんじゃないですか？　昔は新富座って芝居小屋もあったみたいだし。

―　成瀬巳喜男*の映画『秋立ちぬ』で、男の子が銀座の外れのほうから新富町に向かって、五分くらいずーっと歩いてくるシーンがあるんです。その子は、新富町のしもた屋の二階に母親と暮らしているんですが、その母親が田中絹代、いや乙羽信子でした。

坂　お母さんは、粋筋の人？

―　近所の旅館の女中か何かです。あの映画を見ると、昭和三十年代の新富町の様子がよくわかるんですが、当時の銀座のベッドタウンという

成瀬巳喜男▼一九〇五（明治三八）年～一九六九（昭和四四）年。東京四谷生まれの映画監督。林芙美子原作の『浮雲』『放浪記』、川端康成の『山の音』、室生犀星『あにいもうと』『杏っ子』など文芸作品を多く手がけ、今日も高い評価を得ている。『秋立ちぬ』は監督自身の幼少時代も描かれていることで成瀬ファン必見の作品とされる。あだ名として、やるせない人生を表現した作品が多いことから「やるせなき（泣き）お」と呼ばれたともいう。

か。

坂　奥座敷みたいな。

―　その面影は、いまでもかすかにあると思います。きちんとした料亭も残っていますし。

南　勝鬨橋を渡ったすぐのあたりを舞台にしたような映画って、なかった？

―　徳田秋声*原作の、あれは何といったかな。

坂　『縮図』？

―　そう、『縮図』の主人公の生家が佃島でした。

南　それ、成瀬？

―　あの人です、乙羽信子の旦那の。

坂　新藤兼人*か。だけど『縮図』、カチドキあたりが舞台だったかなぁ。まぁ、いいや。

―　あ、パイプオルガンが聞こえてきた。

坂　そろそろ行きましょうか。つい、腹の底からミサとか歌いたくなっ

徳田秋声▼一八七二（明治四）年～一九四三（昭和一八）年。石川県金沢市生まれの作家。はじめ同郷の泉鏡花のすすめで尾崎紅葉の門下に入り硯友社の一人。日露戦争のあと、自然主義文学が時流となると秋声の力量が発揮されることとなる。自らの私生活を題材にとった作品や短篇小説で作家の地位を確立する。晩年は愛人、川田順子との関係を赤裸々に描いた〝順子物〟で話題となった。

新藤兼人▼一九一二（明治四五）年～二〇一二（平成二四）年。広島県佐伯郡生まれ。映画監督、脚本家、文筆家。初め溝口健二監督の内弟子となる。戦後は松竹大船撮影所でシナリオ作家として活躍。松竹を退社したあと、一九五一年大映からの「愛妻物語」で監督デビュー、その時の主演が当時の人気スター乙羽信子。その乙羽とは二十数年以上の愛人関係となり、正妻の死去のあ

ちゃうので。

――あ、あそこ。また本が乗った石碑がありますよ。暁星学園発祥の地かぁ。

――すぐそこのカトリック築地教会って、建物がちょっと変わってませんか？

坂　ほんとだ。パルテノン系の。

――ギリシャの神殿みたいな。

南　あの柱の感じ、なんていうんだっけ？

坂　イオニア、いやドーリア式？

――（爆笑）

坂　どうしたの、急に。

――南さんが、柱の影からこっちを見てて。

坂　……それだけ？

――それだけなんだけど、おかしくて。なんて説明すればいいのかなぁ。南さんの真骨頂でした。


と結婚。一〇一歳で亡くなる直前までほぼ現役。文化勲章受賞。

坂　ああいう猫、いるのよ。どこかのかげから、ちょっと顔だして、こっちの様子をうかがっている、という。

南　ここは、聖コロンバン教会だって。道端にマリア像がある。マリアさまが、ヘビ踏んでる。

―　しかも両足で。

南　いま、ちょうど踏めてるから、いま！　この状態を像にして！

―　ヘビも大変だ。

坂　って言うかねぇ、マリアさまがヘビを踏む図像はキリスト者の方々にとっては親しいものらしいの。邪悪の象徴のヘビを踏みつけているんです。新宿「花園神社」の見世物小屋の芸じゃないんだから。

―　そうこうしてるうちに見えてきましたよ、本日初の本家が。

南　ほんとだ。「塩瀬総本家」があるねぇ。こんなところに。

――店員さん　いらっしゃいませ。

―　こちらはお饅頭が有名ですよね。

――店員さん　もともと奈良のほうにお店がありまして、肉食が許されない僧侶のために当家の始祖が考案したのが、このお饅頭のルーツだそうです。

坂 じゃ、肉まんはダメじゃん！

― （無視して）ほかにも、季節の上生菓子や干菓子、羊羹など、バラエティ豊かですね。キティちゃんのお饅頭もある。迷うなぁ。

（一同、しばらく買い物タイム）。

坂 いまも奈良にお店はあるんですか？

――店員さん　戦後に東京に移ってきまして、いまはもうないので、こちらが本店になります。

南 この都鳥の干菓子《ひがし》かわいいねぇ。

坂 在原業平が歌に詠んでますよね。「名にし負はばいざ言問はむ都鳥わが思ふ人はありやなしやと」。

南 おっ、今回はめずらしくマトモな紹介。ここ、ずっと入っていけそうだね。

― 屋内に庵があるんですね。茶室ですか？

――店員さん　はい。普段は使っていないんですが。

佃の元祖と本家

――この先は、すぐ隅田川です。佃大橋を渡って、佃に上陸しましょう。

坂　以前、ここらへんから佃の渡し*に乗ったことあるなぁ。渡しがもう終わっちゃうというんで、家から自転車で来て。渡し舟に、自転車も乗れたんです。

南　佃大橋ができてから、そんなに経ってないもんね。

――橋は、前の東京オリンピックが開催された一九六四年に開通したそうです。

坂　そのころは、たしか、まだ勝鬨橋も上がってましたよ。

南　浜離宮に遠足に来たときね。サイレンが鳴ったんだ、弁当食ってるとき。勝鬨橋、開きました。開いたとこ汽船が通ってって。すぐそばに

佃の渡し▼隅田川をはさむ、中央区明石町と佃島の間を運行した都営の渡し船。昭和三九年の東京オリンピック開催の二年前の夏に、都営最後の渡し船は就航を終えた。この渡しに代わって佃大橋が架けられた。なお、現在、葛飾区・柴又と市川市・矢切を運行する江戸川、矢切の渡しは個人による営業。

小学校があってさぁ、あそこの子たちは毎日勝鬨橋見られるんだなぁって、うらやましかった。

坂　いまあれをやると、メンテナンス費なんかも込みで一億円くらいかかるらしいですよ。橋を開くだけで。

―　昭和四十年代に入ったころまでは、まだ開閉していましたよね、たしか。

南　橋の真ん中へんに操作室みたいなのがあってさ、そこに勝鬨橋の真鍮製のミニチュアがある。実際の橋が上がったり下がったりすると、そのミニチュアも上がったり下がったりするんだ。で、これを思いっきりグィ〜っと動かすってーと、本物も動くんじゃないか？　っていうんだけど、どう？

―　ＮＨＫの子供向けの教育番組で、黒柳徹子が魔法のじゅうたんに乗って、勝鬨橋が開いたところを、ぴゅーって飛んでましたよね。

南　ああ、そうでした。お、あれ、元祖・高層マンションっていってないかな。ウォーターフロントとかいってたころだよ。

坂 あそこに見える塔は、何ていいましたっけ？　でっかい電動耳かきみたいの。

南 アハハ、スカイツリー*のこと？

― 今日は、上のほうが雲に隠れて見えないですね。

坂 東京タワー*、あれはもう古くて、とう（塔）がたっています。

― ……さ、ここからは佃散策です。お、二軒目も本家です。

坂 本家・佃煮の「佃源 田中屋」。

― 二軒挟んで、こっちにあるのは元祖・佃煮の「天安」ですか。間は普通のお家ですから、店としてはほとんど隣り合ってるようなものですね。

南 本家と元祖、どっちがエライの？

― 聞く勇気は、ありません。

南 こういうところがあるから、元祖・本家を回ろうって企画も生まれる。「元祖・本家企画発祥の地」だね。

坂 このへんの佃祭りは、すごく盛り上がるんですよ。お神輿を置いて

スカイツリー▼二〇一二年東京・墨田区に電波塔として建てられた。高さは六三四メートル。正しくは東京スカイツリー。

東京タワー▼一九五八年東京・港区に総合電波塔として建てられた。高さは三三三メートル。正しくは日本電波塔。

おくコーナーなんか、葉のしげる竹で囲みが作られたりして不思議な空間になる。川から神輿が上がってきたりするっていうね。

― あれ、ついに雨が降ってきた。

南 傘、ありますか?

― シゲモリ半可通さんお持ちのステッキには傘が仕込んでありまして。

南 ほぉ、なーるほど。あなたは?

― それが、ないんです。

南 じゃ(傘を差しだす元祖・南さん)。

― み、南さんの傘に入れてもらえるなんてうふふ……。

坂 そこ、ポンプ式の井戸。バケツが置いてあるから、まだ現役ですね。その先が、住吉神社*。佃祭りをやる神社です。あの上のほう、鳥居の扁額が陶器というか磁器の染付? でできているのは、珍しいですよ。

― 奥にレンガ造りの建物がありますね。

住吉神社▼一六四六(正保三)年、中央を佃に創建。佃島は徳川家康が江戸入りをしたところ。三代家光の時代、大阪佃村の漁民が江戸に移住、江戸の佃島とする。そこに社殿を建立、佃住吉神社に。歌川広重の「名所江戸百景」の佃島住吉の祭の絵をよく見ると隅田川の中に神輿《みこし》をかつぐ人々が見える。このころから「海中渡御《かいちゅうとぎょ》」が行われたことがわかる。一九六二年、隅田川の汚染のため海中渡御は廃止。

南　さっき展示されてた神輿が、前はここに収められてたらしい。

坂　この先には、赤い欄干の佃小橋がある。

―　佃には大橋もあれば小橋もあるんですね。

坂　その下の川にはね、ちょっとヒミツが……。

―　ぱっと見た感じは、何の変哲もない、ただの川ですけど。

坂　川の中をよく見ると、ところどころに穴が開いてるでしょ。

―　あ、ほんとだ。

坂　三年に一度の本祭になると、あそこに大幟を建てる。そのために使う柱は佃小橋の川の中に埋められていて、祭りの前になると掘り起こされるんですって。

南　へぇ～。

―　じゃ、いまもこの下に柱が眠っているわけですか。タイムカプセルみたいだなぁ。

南　橋から、高層マンションがよく見える。

―　手前に見える下町の水辺とのコントラストがすごいですね。

南　昔、週刊誌がよく、こういうアングルの写真撮ってたね。
坂　実はもういっこ、ヒミツなとこがある。
―　今度は、こんな民家と民家の間の細い路地を通っていくんですね。ここ、参道ですか？「佃天台地蔵尊」の幟が立ってます。
南　奥がお堂になってる。小さいけど立派だね。奉納された提灯が飾ってあったりして。
―　あれ？　これってまさか……。
坂　イチョウの木の幹です。
―　それも、かなりの太さ！　お堂が木の幹を抱き込んでるというか、木がお堂を突き抜けてるというか。
坂　ここを出て、ちょっと離れたところから見ると、屋根の上に木の枝生えているところがよく見えるんですけどね。けっこう大きなイチョウですよ。
南　……（木の影から、こちらをうかがう南さん）。
―　また出た（笑）。

南　コンニチハ、公暁《くぎょう》です。

坂　公暁の隠れイチョウ*って、鎌倉の鶴岡八幡宮じゃなく、ここにあったのか〜。

フマジメで、すみません

—　すぐそこが月島なので、もんじゃの店が並ぶ西仲通り商店街のほうまで行ってみませんか？

南　元祖吉本隆明*さんは、佃島で生まれたんでしたね。

—　吉本さんのエッセイで、お父さんが舟に乗せてくれたって話を読んだ記憶があります。

南　お父さん、船大工です。

坂　昔々、お父の造った船に乗せてもらった吉本さんは、時々バナナを売っておりました。そのとき作詞した労働歌《ワークソング》が「バナナボートソング」。後で、ハリー・ベラフォンテ*でヒットした。

公暁の隠れイチョウ▼鎌倉・鶴岡八幡の大イチョウ。このイチョウの陰に僧侶の公暁《くぎょう》が隠れ、鎌倉幕府三代将軍・実朝を暗殺する。なお、この樹齢千年といわれる「隠れイチョウ」は天然記念物に指定されていたが、平成二二年三月強風によって倒れたが、根幹部分から新芽が出て、その生命力に、参拝者から驚きをもって迎えられている。

吉本隆明▼一九二四（大正一三）年〜二〇一二（平成二四）年。東京・月島生まれ。評論家、思想家、詩人。東京工業大学卒業後、町工場に就職するも労働運動で退職をくりかえす。一九五〇年代に入り、詩人、評論家として頭角をあらわす。六〇年代、いわゆる「六〇年安保」で抗議行動に参加、逮捕される。八〇年代、全共闘の世代か

― ……って、そんなわけないでしょ。

坂 もんじゃ屋の集まる横丁には、たしかレバーフライの元祖があったんじゃない？

― ちょっと離れてますけど、清澄通りの相生橋のたもとにも「ひさごや」という、レバーフライの元祖をうたった店があります。

坂 横丁のほうのレバーフライ屋は、女将がすっごいエロ話ばっかするの。女性と行って、困ったことがありました。ビールは横の自動販売機で買ってきて、とか面白い店でね。

南 元祖・エロレバカツ。

― よし、エロ話目指して行きましょう。

坂 ちょっと詳しい場所を忘れちゃったから、そこのインフォメーションで聞いてみます。

― 月島もんじゃ振興会協同組合の事務所でもあるみたいですね。

坂 すみませーん。このへんにレバーフライの元祖ってお店があったと思うんですが。

らカリスマ的存在として支持される。著書に『源実朝』『異端と正統』『戦後詩史論』『マスイメージ論』『重層的非決定へ』『言語にとって美とは何か』など。一九九六年八月、静岡県の海水浴場で溺れ、意識不明の重体のニュースが流れ、世間を驚かせている。一命はとりとめ評論活動復帰。漫画家のハルノ宵子は長女、作家・よしもとばななは次女。

ハリー・ベラフォンテ▼一九二七年アメリカ、ニューヨークのハーレムで生まれる。一九五六年バナナを船に荷積みするときの労働歌「バナナ・ボート」がミリオンセラーに。日本では〝カリプソ娘〟浜村美智子や江利チエミがカバー、ヒットした。ベラフォンテはその他、「マティルダ」、「ダニー・ボーイ」などヒットを連発。シャツのボタンを三つ、四つまではずしたスタイルが新鮮で、作家の三島由紀夫がそれを真似て、得意の（？）の胸毛

——案内人　ああ、あそこね、なくなっちゃったんですよ。一、二年前に。

坂　えっ、そうなんですか。あと、このへんに、元祖とか本家とかついてるもんじゃ屋さんは、ありますか？

——案内人　ここらへんで古いのは、「好美屋」さんとか。商店街の奥のほうにあって、元祖とついています。

坂　わかりました、ありがとうございました。僕、以前、ここでもんじゃTシャツ買った。どんな、もんじゃ！

——また、珍しいものをお買いになりましたね。以前、雑誌の庶民文化の特集でなぎら健壱さんに聞いたんですが、月島にはもんじゃの派閥が二つあって、一つが、いまのもんじゃ振興会協同組合。もう一つが、もんじゃ協会。

南　どっちがどっちだか、お客さんにはよくわかんないね。

坂　落語の「落語芸術協会」*と「落語協会」*の二つがあるみたいな。

南　お、ここ新しい店。島根のお酒が飲める店だって。オシャレな内

を見せていたことも。なお、ベラフォンテはスターになったあと、公民権運動に積極的に参加。反戦、反核を訴える行動にたずさわっている。

落語芸術協会▼正しくは「公益社団法人落語芸術協会」。一九七七年までは「日本芸術協会」会長は桂歌丸だったが、二〇一八年歌丸の死去により、三遊亭小遊三が代行。新作落語を演じる落語家が多い。春風亭昇太、雷門助六、三笑亭夢之助といった落語家の他、神田山陽、神田京子といった講談師も擁す。

落語協会▼「一般社団法人落語協会」。二〇一四年から四代目柳亭市長が会長。主に古典落語の演目を語る。林家木久扇、三遊亭圓丈、春風亭小朝、柳家さん喬、春風亭一之輔、三遊亭歌武蔵と行った落語家の他、宝井琴柳、神田茜といった講談師を擁する。

装。ここは、地酒専門店なんですか？
——店員さん　島根の酒屋の息子の店です。

坂　つまみになる島根の名物って、どんなのがあるの？
——店員さん　宍道湖のしじみとか。

南　島根、ちくわのごっついの、みたいのありましたね。
——店員さん　あごの野焼きですね。

坂　しじみは、お店でも食べられます？
——店員さん　はい、酒蒸しのご用意があります。

坂　ビール一杯、飲んで行きましょうか？

南　いいですね〜、そういう感じですね〜。
——店員さん　みなさん、生ビールでいいですか？

一同　はい！

—　今日はけっこう長時間、マジメに歩きましたね。

坂　いつもはフマジメみたいじゃないですか！　あ、フマジメか。

—　もう、二時間半くらい歩いてますよ。

南　じゃ、もういいんか。もういいんだぁ～。

―　その感じ……まさか、終わる気ですか？

南　そういうことでありたいね。

　――店員さん　お待ちどうさまです。

坂　じゃ、今回はこれで！　仕事をズルズルと引きづらない！　どうも、おつかれさま～。

一同　かんぱーい！

―　ほ、本当に終わり？

坂　このあと、近くのシブイ居酒屋へ行きましょう。ＴＯＫＩＯの松岡（昌宏）兄いに連れて行ってもらった、じつに下町的ないい店でね。

南　おっ、行きましょー。ここで終わるわけにはいかないもんね。われわれ仕事をする者の良心として。

Part. 5

盛り場の本命
浅草へ

「浅草もいいけど外国人観光客でごったがえしているからねぇ」と敬遠する人に言いたい。それは浅草の表面しか知らない。昔も今も日本の盛り場の本命の一つ、浅草の奥は深い。観光客で混み合う参道、仲見世も一本脇道に入れば別世界。しかも地元の人、この町を愛する人々しか知らない元祖、老舗店が何軒も競い合っている。ディープ浅草を行こう。

スタートは元祖バー

―　今回の待ち合わせ場所は、お二人がそろったらいきなり飲みに入っちゃいそうなとこですね。ま、それでも、一向にかまわないんですけど。

坂　今日は神谷バーからですか。

―　なんでも日本初のバーなんだそうです。そこの看板にもありますけど、住所もそれにふさわしいというか。

坂　浅草一丁目一番一号。番地の元祖ですなぁ。いま、デンキブランはいくらかな?

―　（ショーウィンドーをのぞきつつ）一杯二七〇円。「電氣ブラン*〈オールド〉」は三七〇円と、ちょっと高め。以前、飲んだけど、すごく強い酒でした。でも、うちの祖父は、よく、ビールをチェーサーにしながらデンキブランを飲んでいました。

坂　それがデンキブランの正式な飲み方なんですよ。

電氣ブラン▼神谷バーのオリジナルブランド。明治一五年創業者・神谷傳兵衛がブランデーをベースにワインやジン、キュラリー、薬草などをブレンドした「電気ブラン」と命名して売り出す。ここで「電気」という言葉が使われたのは明治期、電気という言葉や、そのものが舶来のハイカラなイメージがあったためとされているが、当初はアルコール度が45度と強い酒で、〝飲むと舌や喉が電気を受けたように痺れるから〟ともいわれた。今日の商品は電気ブランが30度、電気ブラン（オールド）が40度。なお、二〇一七年には二種の電気ブランハイボールを発売。

―　この先の駒形橋を渡ったすぐのところに、住んでいたことがあるんです。当時の浅草は、ゴーストタウンみたいに人気《ひとけ》がなかったですけどね。

坂　僕は吾妻橋のたもとのアサヒビールで、バイトしてた。うん○のようなビル*ができる、ずっと前。焼き鳥の煙と匂いでムンムンしてねで、大きなテレビがあって、相撲が見られたんですよ。

南　どうも。

坂　こんちわ〜。

―　今日もよろしくお願いします。日本初のバーは、元祖バーとも言える？

坂　言えるんじゃないですか。デンキブランも、こんな酒、ほかにないんだから、元祖といえば元祖だし。

南　ほー。「SINCE 1880」とあるから、一八八〇年創業か。「1880」の横の文字は何かな。DK？　BK？

坂　DKに見えますけど、何の頭文字だろ？

うん○のようなビル▼吾妻橋のたもと向島島側に建つ。通称「うんこビル」。アサヒビールタワーの横、スーパードライホールの屋上に巨大な金色のモニュメントがあり、それが色といい、形といい「うんこに似ている」から、そう呼ばれるようになった。ビルとこのオブジェの設計は、フランスの人気デザイナー、フィリップ・スタルクによるもの。あの「うんこ」の形は、じつは「金の炎」〝フラム・ドール〟で、ホールの形は聖火台をイメージしたものという。

― 初代・神谷傳兵衛*ですって。

坂 ああ、神谷傳兵衛、デ(D)ンベー・カ(K)ミヤね。あ、あの（はちじるし）蜂印香竄葡萄酒《こうざいぶどうしゅ》の神谷傳兵衛さんか。三河では有名人の。

― えー、では、そろそろ仲見世のほうへ向かいたいと思います。

坂 えっ、じゃ今日はここはスルー？　ま、ぼくはしょっちゅう来ているからいいけど。一番奥の部屋が常連さんご用達ルームなんですよ。何十年も通いつづけている猛者が、何人も。ま、先に行きましょ。

― その「三定」という店は、日本最古の天ぷら屋だそうですよ。さすが浅草、店にも歴史がありますね。元祖と本家も期待できそうです。あ、そこの人形焼きを売っている店が、「本家・梅林堂」です。

南 創業享保年間。詳しい年号は言えないんだね。だいたい享保あたり。いつできたのか、気になるなぁ。隣は「元祖・紅梅焼」？

― いえ、「元祖・紅梅焼」と「本家・梅林堂」は同じ店で、元祖・紅梅焼は本家・梅林堂の商品です。でも、もう、紅梅焼は売ってないんだそうです。

神谷傳兵衛▼一八五六（安政三）年〜一九二二（大正一一）年。三河国（現愛知県）西尾市の生まれ。一八八〇（明治一三）年に浅草で一杯売りの小売酒屋「みかはや銘酒店」を開く。これが今日の「神谷バー」のもととなる。一九〇三（明治三六）年に茨城県牛久に神谷シャトー（牛久シャトー・現シャトーカミヤ）を設立。シャトーカミヤには神谷傳兵衛記念館がある。また、千葉県の稲毛海岸には大正年間に建てられた別荘の洋館（国の登録有形文化財）が残っていて「千葉市民ギャラリー・いなげ」として活用されている。

坂　ややこしい。

――しかしまぁ、仲見世*の人ごみのすごさといったら。

坂　ちょっと左側の裏を通って行きますか。ぼくは、たいてい、そうしてる。

――ふう、ほっとした。そこ、扇屋さんですって。「文扇堂」。

坂　扇子のブランド屋さん。お、「梅園」。ここのあわぜんざいは有名ですよね。

――そのあわぜんざいも、実は元祖のようです。

南　あわぜんざいって、お餅にあわ使ってるの？

――そうかと思いきや、ここでは餅きびを使っているそうです。

坂　また、ややこしい。ここらで、仲見世に戻りますか。

――あ、そこも元祖です。また人形焼きの店だ。「元祖・木村家本店」。

南　創業百余年。また創業年がぼんやりしている……いつできたのか明記しないのが浅草流なんですかね。

坂　人形焼きの箱、かわいいなぁ。

仲見世▼正しくは「浅草仲見世商店街」。雷門から浅草寺に至る参道左右の商店街で合計八九店舗があり、全長二五〇メートル。なお仲見世、全店のシャッターに描かれた、浅草の歳時絵巻は平成元年、日本画家にしてのちの東京芸大学長・平山郁夫の指導と、そのグループによるアートワークによるもの。

―　ハトの絵が描いてあって、丸みもあって。
南　いいカンジだね。かわいいってば、隣も。
―　手のひらに乗るような、小さなおもちゃばかり置いていますね。「江戸趣味小玩具　助六」ですって。
坂　陳列してないけど、この店には「ずぼんぼ」もある。
―　ずぼんぼ？
坂　柔らかい和紙で虎をかたどったおもちゃ。フニャフニャな箱みたいな胴体に手足がついていて、足の先には小さなしじみの貝殻が使われていたりして。それを扇子でパタパタあおぐと、軽いから、ふあっふあ、動くんです、虎が踊るように。
南　へえ〜。
坂　あそこの弁天堂*には、けっこう塚や碑があるんですよ。あ、そこにある、お堂も屋根もないとこに座った仏像二体は「濡れ仏*」。
南　弁天堂の鐘つき堂、立派だね。
坂　芭蕉の「花の雲　鐘は上野か　浅草か」の、あの鐘です。浅草の除

弁天堂▼浅草、小高い弁天山に建つ、弁財天を祀るお堂。弁財天は池や水辺の近くに祀られることが多く、この地も、かつては池だったが埋め立てられ、小さな丘が築かれた。「巳の日」が縁日で、その日だけ扉が開かれ、弁天様（七福神の内、唯一の女性）が拝観できる。右手に鐘楼があり毎朝六時に〃時の鐘〃としてつかれている。また、大晦日には除夜の鐘がつかれることでも有名。

濡れ仏▼正しくは浅草・浅草寺「二尊仏」。一六八七（貞享四）年の建立。堂も屋根もなく、雨露、また雪も降りかかるままとなっているので「濡れ仏」と呼ばれてきた。

夜の鐘も、ここ。芸者さんもゴ～ンと突いたりね。

― そこに芭蕉の句碑がありますよ。うーん、でも、よく読めない。立札によると、「くわんをんの　いらか見やりつ　花の雲*」とあるようです。

坂　そっちは「添田唖蝉坊碑・添田知道筆塚」。

― なになに、唖蝉坊は明治二十七年に壮士節の世界に入り、のちの演歌の作詞、作曲、演奏に従事。作品は「四季の歌」「ストライキ節」など、か。知道は唖蝉坊の長男で、やはり演歌の世界の人だったようですね。本もたくさん書いていますが。

坂　「パイのパイのパイ」とか石田一松の「のんき節」って、あるでしょ？

南　「ハハのんきだね」ってやつ？

坂　そう。あれは唖蝉坊の歌が元ネタだったらしいですよ。「ストライキ節」は、「何をくよくよ川端柳……♪」って、あれは「東雲節《しののめ》」か。

南　こっちには、都々逸塚。

*くわんをんの　いらか見やりつ　花の雲▼もちろん「くわんをん」は観音。ただ、この句は浅草で作られたものではなく、深川の草庵で病に伏っている時、ちょうど桜の咲く季節、浅草を思って作られたという。（門弟の其角の記録による）

坂　おう、亀屋忠兵衛とありますでしょ。半可な物知りは、忠兵衛といえば近松の「冥途の飛脚」の遊女・梅川と道行となる亀屋忠兵衛と思い、なぜ都々逸塚？　と考え込むでしょう。

―　ちがうんですか！

坂　まったく別人。戦後まで生きていた都々逸作家のペンネーム。粋な人だったんでしょうね。いまや、ほとんど知る人もないのでは。ぼくは、この人が自費出版した『下町』という都々逸本、持ってんだもんねぇ。

―　そういえば、お参りがまだでしたね。このへんで、浅草寺の本堂のほうにまわりましょうか。

塚や碑が、さらに続々

―　さて浅草寺本堂！　うわー、お賽銭箱の前、参拝客が行列していますよ。

坂　あれ、編集さんは？　あ、電話だ。もしもし？

―　（すみません、いま、みなさんどこですか）？

南　この距離で、よく迷子になれるね。いや、いいなぁ、観光地、浅草ぽくて。

―　いや、すみません。写真を撮っていたら、見失っちゃって。

坂　そろったところで、浅草神社*へ行きましょうか。三社祭は浅草神社のお祭りなのに、祭りに比べて神社のほうはイマイチ知られていないんですよね。だから、観光客もあんまり来ない。

南　狛犬、でかいね。

―　子供二人は乗れそうです。あの蔵みたいなところに描かれた神社の神紋、網が描かれているみたいだ。

坂　そうそう。昔、漁師が隅田川に網を入れたら人型の像がかかって、それを神様として奉ったのが浅草神社の始まりみたいだから。かかった像は全部で三体。それで網も三つ、神様も三体で三社ってわけです。

―　ここも碑が多いですね。久保田万太郎*の句碑、川口松太郎*の句

浅草神社▼浅草寺本堂の向かって右奥に建つ、通称「三社権現《さんじゃごんげん》」。平安時代末期から鎌倉時代にかけて三人の子孫が祖先を祀ったことから三社権現といわれている。五月の第三週の金、土、日に催される「三社祭」は日本の一大イベントの一つ。

久保田万太郎▼一八八九（明治二二）年〜一九六三（昭和三八）年。東京の浅草生まれの俳人、小説家、劇作家。戦後、「春燈」を主宰、さらに各賞の選考委員として文芸界のドン的な地位にあった。文化勲章受賞。その死は、知人（文化勲章受賞の画家・梅原龍三郎邸の宴席で出された赤貝を喉につまらせ窒息死。俳句の号は「傘雨」で、「神田川祭りのなかをながれけり」「竹馬やいろはにほへとちりぢりに」「湯豆腐やいのちのはてのうすあかり」といった下町育ちならではの情感あふれる名句を残している。

碑、花柳壽輔*の句碑……句碑ばっかり。

坂　久保田万太郎は浅草出身です。

―　そこは、扇塚。隣には扇入れが。

南　「ゴミ捨てではない！」

―　と、看板で主張していますね。たしかに、ついゴミを入れたくなるような形の扇入れではあります。

坂　神社によっては、古い筆やお札なんかも、納めてられたりしますよね。ステッキとか杖を納められるところもあるんですよ。この先には、お稲荷さんがあるんですよ。

―　被官稲荷神社*とありますね。奥まったところにある分、さらに静かになった。

坂　そこ、小さなキツネの人形がたくさん納められているでしょ。お稲荷さんだから。

南　かわいいね。ヒゲがあるのと、ないのと、いる。

坂　雄狐と雌狐がいるからかなぁ。

川口松太郎▼一八九九（明治三二）年〜一九八五（昭和六〇）年。東京浅草の生まれの小説家、劇作家。一九二五年、久保田万太郎に師事。関東大震災のあと、大阪プラトン社で『苦楽』の編集者となる。一九三五年『鶴八鶴次郎』で直木賞受賞。妻（後妻）は女優・三益愛子。長男・川口浩（俳優・テレビタレント）はじめ、兄弟は芸能界へ。なお、小学校（山谷堀小学校）の同級生に映画監督の溝口健二がいる。

花柳壽輔▼一九三五（昭和一〇）年〜二〇〇七（平成一九）年。東京・銀座生まれ。日本舞踊家。二代目花柳寿應の長女として三代目家元となる。世阿弥の『風姿花伝』の中の「秘すれば花なり秘せずは花なるべからず」を座右の訓とした。

被官稲荷神社▼浅草神社にある末社。稲荷神社の使いとされる狐がズ

南　描き忘れたわけじゃぁない。これ、今戸焼*かな。

—　今戸は近所ですから、そうかもしれないですね。

南　隅田川を少しさかのぼったとこだもんね。昔のおばあちゃんが作った今戸焼の招き猫の顔が、すごくいいんですよ。いまやろうとしても、ああいうふうには描けない。あれ、これもいいね。

—　絵馬がキツネの顔になっている。どうも、イチョウの葉も模しているみたいだ。

南　みうらじゅんさん*が、絵馬に書いてあること、読んでおもしろいの採集してたね。以前、うちのツマが採集してきた七夕の短冊のケッサクがね、「彼氏がほしい、いますぐに」。

坂　〝いますぐ〟は、叶えるほうもちょっと大変だ。昔から「急いては事を仕損じる」というのになぁ。ま、「ほしい」んだから、しょうがないか。

—　何、一人でブツブツ言ってんですかぁ。それより、ほら、きれいどころが歩いていたので、つい（デジカメのモニター画面を見せつつ）。

ラーッと奉納されている。

今戸焼▼隅田川周辺の土が素焼きに適していたことから浅草東北の今戸で焼かれた雑器や土人形、招き猫のこと。今日も待乳山聖天近く「今戸焼白井」が残る。

みうらじゅん▼本名・三浦純。一九五八年、京都市生まれの漫画家、イラストレーター、コピーライター、コレクター。怪獣、埴輪、仏像マニア、シンガーソングライター吉田拓郎の信奉者、また〝ネーミング名人〟として、「マイブーム」「ゆるキャラ」など多くの新造を生み出している。いまやサブカルの帝王的存在。

坂　おお、和服美人！（迷子になったのは、これか）きれいどころかぁ……。いつも、きたなどころが一緒で悪かったですなぁ。ね、南さん。

―　いやいや、そんなそんな。あ、また碑ですよ！「友情はいつも宝物」。「こち亀」*の両さんの碑だ。

坂　本堂を挟んでこことは反対側、かつては江戸の盛り場だった「奥山」*のあたりにも碑がたくさんあるんですよ。それを見ながら向かいましょうか。

―　明治以降になると、奥山の賑わいは浅草公園六区のほうに移るんですよね。

坂　そうそう。あの奥が、碑の多発ゾーンです。

南　映画弁士塚には徳川夢声*の名前がある。

坂　そっちの碑に描かれているのは、「ノンキナトウサン」の絵ですね。

―　「曽我廼家五九郎顕彰碑」ですか。

坂　「ノンキナトウサン」はもともと麻生豊*の漫画ですけど、映画にもなって、トウサン役は曽我廼家五九郎の当たり役だったんです。

こち亀▼秋本治『こちら葛飾区亀有公園前派出所』（「週間少年ジャンプ」一九七六〜二〇一六年）連載の略。約四〇年にわたるシリーズは全二〇〇巻の単行本に。ちなみに「こち亀」関連の銅像は亀有駅周辺に一五体あり、これをクリアするためには「こち亀版　亀有周辺マップ」が有効。

奥山▼浅草寺本堂の西側一帯を指す。江戸時代から見せ物小屋が並び大道芸が演じられた。今日は「お奥おまいりまち商店街」として、江戸風の街並みのデザインから店舗まで浅草の奥座敷演出がされている。「木場館大衆劇場」や浪曲の「木場館」がある。

徳川夢声▼一八九四（明治二七）年〜一九七一（昭和四六）年。島根県益田市生まれ。大正から昭和、無声映画時代の活動弁士、トーキー時代となって職を失ったあと放送

南　こっちは喜劇人の碑。

坂　碑の文字は笹川良一*だ。

―　近くの石には、建立に協力した芸能人の名前が刻まれています。

坂　たこはちろうさんも入ってる。

南　八郎もひらがなになってる。コロムビア・トップとライト*は、どうしてこんなに離れてんの？

―　意味深ですね。

南　あとは、菅原文太、由利徹、黒沢年男……。

坂　こっちは石井漠の記念碑。創作バレエの第一人者です。場所が場所だけに、芸能関係の碑が集まってますね、このへんは。でも、ふつうの人は浅草へ来ても、こっちのほうまではなかなか足を伸ばさないですよね。

芸能界に転職、ラジオでの吉川英治『宮本武蔵』の朗読で大ブレイク。エッセイストとしての筆も立ち『くらがり二十年』『夢声懺悔録』『問答無用』など多数。

麻生豊▼作者。漫画家・麻生豊は一八九八（明治三一）年〜一九六一（昭和三六）年。大分県宇佐郡生まれ。北澤楽天の主宰する塾を経て報知新聞に入社。同紙で連載を始めた『ノンキナトウサン』が人気となる。原作の映画は浅草の「喜劇王」といわれた曾我廼家《そがのや》五九郎《ごくろう》が主演で製作総指揮は直木三十三で、これも大ヒット。

笹川良一▼一八九九（明治三二）年〜一九九五（平成七）年。大阪府箕面市生まれ。戦前、イタリアのムッソリーニを信奉、敗戦後、A級戦犯として巣鴨プリズンに入獄。釈放後も右翼的政治活動を行う一方、各種の慈善事業にも力を入れる。ま

元祖の隣は、また元祖

— あの、ツタがからまった建物、渋いですね。

南 浅草観音温泉。

— しかも、天然とある。真っ黒なお湯なんです。

南 電気、ついてないね。天然だから？

— やめちゃったのかな？ でも、入口には「入浴料700円」「泥酔者（ヨッパライ）、極端に不潔な方 入浴お断りします」など、いろいろ掲示がありますけど。

坂 「極端に不潔」って、どのくらいなんだろう。興味あるなぁ。

南 「トイレのみの利用お断り」の貼り紙がいちばんでかいね。

— ああ、やっぱりやめちゃったみたいです。「ボイラーの修復に多額の費用がかかり、浴場業の再開ができません。長い間ありがとうございました。2016年6月」だそうです。残念ですね、いい雰囲気の建物なのに。あ、向こうは花やしきだ。*

た、モーターボートの日本での普及により「モーターボートの父」的存在となる。「一日一善」「世界は一家、人類は皆兄弟」は笹川のモットーとし流行語となった。

コロンビア・トップ・ライト▼漫才コンビ。コロムビア専属の司会者として一九五二年デビューの後、時事漫才を得意芸として人気を博す。一九六八年から七四年まで「なつかしの歌声」の司会で懐メロブームを起こす。一九七四年トップは参院選に出馬、当選。これによってコンビは解散。二人の犬猿の仲は業界でも有名だった。

花やしき▼かつては植物園、さらに動物園の歴史をもつが、戦後すぐの一九四七年に遊園地として復活、開園。ローラーコースター、お化け屋敷、ビックリハウスなど、レトロ感のあるアトラクションが人気。

南　花やしきのジェットコースターは、まだある？
坂　ありますよ。
南　そこの古着屋さんに、昔、進駐軍の払い下げのバスケットシューズが置いてあったんだけど、「ホントかよ⁉」って大きさなんだ。四十センチくらいの。びっくりするよ。いま、ないかな？
——ちょっとのぞいてみますか。四十年くらい前の浅草には、こういう店がいっぱいありましたよね。
坂　屋台でも、古物をいろいろ売ってたし。古いトランクとか。いっとき、古いトランクをいくつか集めていて。
——なんでも集めちゃうんですねぇ。奥にあるのは、昔の軍服。階級章みたいなものや、あとなぜか、入り口の上にはキジの剥製もある。
坂　その先は初音小路。いい名前でしょ？　道にかかるようにして、藤棚なんかもあって。
——奥は「木馬亭」。
南　浪曲の寄席だ。

――稲村劇場も、このへんでしたよね。
坂　そうだったっけ？
――そこも芝居の劇場ですか？
南　ヘビ女やろくろ首なんかがいる見世物小屋です。唐十郎さんの講義で、浅草の見世物小屋のこと話されてさ、その日のうちに見に行ったらちょうど「いまだよ、いまだよ！」って呼び込みで、入ったら、オレしかいないんだ。ヘビ娘と差し向かいになっちゃって……。
――客一人って、ちょっと反応に困りますね。お、六区のあたりに出ましたよ。
坂　ロック座は、あそこ。
――まだストリップ劇場が残ってるんですね。
南　映画館は軒並みなくなっちゃいましたけどね。そこの「ROX」*は、いろんな店舗が入った商業施設ですけど、かつては松竹の演芸場があった場所みたい。
坂　このROXの一階に以前、糸井重里さんがプロデュースした団子屋

ROX▼浅草公園六区に建つ総合商業ビル。一九八六年開業。かつてこの敷地には浅草松竹座、浅草松竹演芸場、浅草日本館、浅草常盤座、浅草ロキシー映画劇場などがあった。

さんがありましたよね。
南　ああ、茶店、ありましたね。吉本ばななさんがデビュー前、そこでバイトしてたんです。
坂　へぇ、そうなんですか。あ、リスボン。
－　洋食屋さんだ。ブタの絵の看板が目を引きます。
坂　ここ、すごく安かったんですよ。チャプスイとか
南　そこの「セキネ」ってお店、まるで映画のセットだね。
－　肉まんやシュウマイで有名なお店ですね。
坂　前は木造だったけど、たしか。
－　新仲見世に出ましたね。ここで左に曲がりましょう。そこ右手の道の奥に、「元祖・釜めし　春」が見えました。
坂　上野にもあった店の本店ね。その角のところの「wine-kan」ってお店は、ワインショップとビストロを兼ねてるんですけど、安くてうまいですよ。地下はワインカーヴになっていて。
南　「元祖・釜めし　春」は、創業明治三年。

――特上釜めし、千六百九十円。

南――具は、イクラ、エビ、ナメコ……。

――それは、シメジかと思われます。

南――そーか、ぼく、ナメコとシメジの区別ついてないんだ。

――この道は「食通街」というんですね。

坂――そこの洋食屋、ロゴがいいですよ。

――本当だ。「ぱいち」。珍しい名前ですね。

坂――洋食の老舗で人気の店ですよ。芸能人もときどき来るらしい。

――南さん、なにしてんですかぁ。

南――こういうのがあると、つい顔を出したくなる。（レンタル着物屋さんの店先にある顔なしマネキンに、自らの顔をあてがう南さん）

――（笑）観光地には記念撮影用の顔出しパネルがよくありますけど、これは顔出しじゃなく、顔乗せですね。今度は、オレンジ通りに出ました。むこうにあるのが、浅草公会堂*ですね。区の催しや舞台、ときには歌舞伎の上演なんかもあったりする。


浅草公会堂▼一九七七年開館の台東区立のホール。旧浅草区役所を解体、建設された。毎年一月には「新春浅草歌舞伎」が開催される。ホール前はオレンジ通りと名づけられ、ホール正面入り口前の「スターの広場」には、一九七九年から浅草に縁のあった芸能人、俳優、落語家、歌手などの原寸手形とサインが設置されていて、それに自分の手を合わせる観光客があとを立たない。

坂　あれができたころから、浅草が新たに変わり始めた気がするなぁ。開館は、一九七七年。入り口の前に、浅草ゆかりの芸能人の手形がずらっと並んでいるんですよね。

南　編集さんは、このへんはよく知ってるの？

―　歩いて十五分くらいのところに住んでいるので。私の知人が昔、浅草に住んだんだけど、そのころは、夜八時にもなると、周りは真っ暗。あまりの寂しさにいたたまれなくなって、引っ越してしまいました。

坂　あ、出ました、元祖。「元祖・佃煮　海老屋」。

南　隣が「元祖・味噌とんかつ　かつ吉」。

―　二つの元祖の店が並んでるのは、珍しいですね。

坂　元祖・餃子とんかつ、元祖・しそとんかつ、元祖・納豆とんかつ……ほとんどのメニューに元祖がついてる。

―　元祖・ザ・スペシャルは、ちょっと味の想像がつきません。

南　以前、肉と衣の間にあんこが入った「あんことんかつ」ってのがある店に入ったことがあるんだけど。

― それはまた斬新な……味はどうでした?

南 そんなに甘くはないんだよね。そこにも、しそとんかつはあったなぁ。あ、あそこの「餃子の王さま」は、糸井重里さんと入ったことあるぞ。

坂 ビールがちょこっと飲みたいなぁってときに、いい店なんだよね。餃子をツマミに。二階もあって。

― また新仲見世に戻ってきました。そろそろ仲見世にぶつかります。

坂 この近くに、すき焼きの「今半」の別館がありますよね。

― 仲見世の一本裏に。和風な造りで緑も多く、風情があります。あ、その右手に、本店が見えてきました。

南 〝半〟でよかったね。〝一〟だと、イマイチになっちゃう。

― 隣が「元祖寿司」です。

坂 寿司の元祖なの?

― 名前に元祖とつく寿司屋「元祖寿司」の本店です。

坂 わかったような、わからないような説明だなぁ。ちょっと歩き疲れてきたね。そろそろビール飲みますか。

南 いいですねぇ。

― 今日も激務でした。一時間半も歩きましたもんね。

坂 えっ、まだ、そんなもん？ もっと歩けって言うのなら歩きますよ。でも、行路病《ユキダオレ》になっても知らないからね。ここにしましょう、「酒の大桝」。

― 酒屋さんに見えますが。

坂 座って飲めるスペースもあるんです。ここは飲み物も、ちょっとしたつまみも、なんでもおいしくて、シャレてるんですよ。

― 奥は、店の壁沿いに席があるんですね。

坂 窓から外を歩く人がよく見えて、面白いでしょ。

南 「爆笑似顔絵総本店」って店が見える。

― ああ～、総本家ならよかったのに。今日の本家は最初の一軒だけでしたもんね。

坂 まずはビールですかね。ここで食べたいのはクリームチーズの味噌漬け。ビールにもワインにも、何にでも合います。

――「当店不動の一番人気」とありますね。

南「禁断の味　どぶろく解禁しました」とありますね。

坂　禁断緞子の帯しめながら。*

――どぶろく御料はなぜ泣くのだろ? *

南　かわいい七つの子があるからよ。*

――店員さん　ビール、おまちどうさまでした。

坂　では、では。

一同　かんぱーい!

禁断緞子の帯しめながら▼もちろん、蕗谷虹児（本業は清掃挿絵画家）作詞、杉山長谷夫作曲の『花嫁人形』で歌い出しが「金らんどんすの帯しめながらーー」。

どぶろく御料はなぜ泣くのだろ?▼そのすぐ後に続くのは「花嫁御寮はなぜ泣くのだろう」

かわいい七つの子があるからよ▼これは「泣くの」を受けて「からすなぜなくの」の「かわいい七つの子があるからよ」と返している。（野口雨情・作詞、本居長世・作曲「七つの子」）。

Part. 6

遠足気分で
熱海へ

一時さびれた温泉街、観光地の代名詞だった熱海の復活、よみがえりが話題となっている。東京の奥座敷、かつての会社の忘年会、新年会の団体様ではなく、今日、中高年の仲間うち、また若いグループが熱海散策の楽しみを満喫できるようになった。日帰り入浴できる老舗旅館もあれば洋食の元祖的名店もある。本家の和菓子舗が競い合うのも熱海の底力の証し。

踊り子でGO

― さ、あちらのスーパービュー踊り子号に乗り込んでください。今回は個室です。
南 へえぇ。
坂 昔の寝台特急には、寝てるのに疲れた人が気分転換で座れるように、通路の窓辺に小さい椅子がありましたよね。
― 室内にメニューがありますよ。頼もう、頼もう！
坂 寝台特急っていえば、昔はフランス料理が出たりしてね。札幌まで行くカシオペア*とか。
― わぁ、生ビールはサーバーから注ぎたてだって♪
南 個室のカベをぱかっと開けると、シャワーが浴びられる仕組みになってて。
― シュウマイは崎陽軒だって♪
坂 聞こうよ、人の話を！

カシオペア▼JR上野駅から北海道・札幌駅までの寝台特別列車。一九九九年七月一六日運行開始。前身は「日本初の豪華寝台特急」といわれた「北斗星」。人気のあった「北斗星」をさらにレベルアップしたサービスで、ダイニングカーでのフランス料理や日本料理のコースの魅力もあり、すぐにチケットが売り切れてしまうことでも話題となった。二〇一六年三月二〇日をもって運行を終了した。

南　まぁまぁ。じゃ、頼みましょう。

――アテンダント　失礼します。このたびは、ご乗車いただきましてありがとうございます。おしぼりをどうぞ。

一　注文いいですか？　ビールと、それから高清水。シュウマイもください。

――アテンダント　かしこまりました。

一　この席、二階建て車両の下のほうだから、止まっているとホームから丸見えでちょっと恥ずかしい。でも、新幹線よりゆっくり走って気持ちがいいですね。窓が大きくて、風景もよく見えますし。

坂　では、今日もよろしくお願いします。いいねぇ、やっぱり列車の個室は。

一同　かんぱーい！

南　ミックスナッツに、チーズクラッカー、マグロの角煮……この「オリーブ&アンチョビ」ってのは？

坂　何だろ？　東京駅地下で買ったらオマケでくれたの。

― 何となく桜でんぶみたいですね。

坂 これ作ってる新橋の「玉木屋」って、有名な佃煮の老舗だから。

南 クラッカーにつけて食べろってことかね。

― どれどれ。あ、おいしい！ イタリアンな味わい。これは白ワインがほしいな。メニューにあるかな？ やった、缶ワインがあるって♪

南 アハハ、もう全開だね。

――車内アナウンス 本日はスーパービュー踊り子号をご利用いただきまして、ありがとうございます……ご乗車記念グッズなどもご用意しております。お急ぎにお求めのお客様は、五号車売店も合わせまして、どうぞご利用ください。

― 「お急ぎにお求めのお客様は」って、ヘンな日本語ですね。

坂 担当者、呼んでみる？

南 キミ、どうなってんだね、その日本語は「早くほしい人は」で、いいじゃないか！

坂 そこは、もうちょっと丁寧じゃないと。

南　お早くおほしい人は、かな。

―　おせっかちなお人は。でも、電車の中に売店があるって珍しいですね。

坂　ほら、あれにありますよ。下田のほうに行くやつ。

南　踊り子号。

―　いま乗ってるやつが、この電車です。

坂　あれっ？　新宿から出るの。あれも踊り子号なのかな？　前、新宿で朝まで飲んでて、そろそろ帰ろ〜なんて改札入ったら、すぐのホームから六時何分に下田へ行く踊り子号が出るっていうんで、女の子二人と酔ったいきおいで一緒に乗っちゃった。下田・蓮台寺*に知ってる温泉宿があるので。そしたら車輌のひとつに、ピンポンパン*の子供室みたいなところがあって。こっちはベロベロだから、そこで横になって雑魚寝してたら、そのうち子供が来てピンポンパンうるっさいの。うっせなーと思いつつ目をつぶっていたら乗務員も来て注意されるし、しょうがないから自分の席に戻って飲み直したけど。

蓮台寺▼ペリー総督率いる黒船来航の伊豆・下田は温泉地としても知られている。とくに蓮台寺周辺は湯量が豊かな無色透明な湯質で人気があり、リピーターも多い。

ピンポンパン▼フジテレビで一九六六年一〇月から一九八二年三月まで放映される子供向け番組で、「ママとあそぼうピンポンパン」。続いて一九七〇年四月から一九七一年九月までは「みんなとあそぼう！ピンポンパン」とリニューアル。この番組の中での「ピンポンパン体操」（小林亜星作曲）一九七一年、オリコンの童謡チャートで一位となった。なお「ピンポンパン」の由来はプッチーニのオペラ「トゥーランドット」の登場人物である三人の大臣、Ping Pong Pangから。

― 優雅だなぁ

坂 優雅かなぁ？ 酔ったいきおいで、蓮台寺まで行って温泉に入って、これが、いい温泉でね、金谷旅館*といったかな。

南 ここのドア、スケスケで通路が丸見えなのに、あの人ノックしましたね。

坂 そりゃ、中で全裸でいたって見えないふりして、ノックくらいしますよ。あ、川だ。いい景色。

― 酒匂川ですね。

南 二宮金次郎*が大水のときに駆り出された川ですね。昔、オレが二宮金次郎だったことがあって。懐かしいなぁ。二宮金次郎は、このへんの人なんですよ。

― 金太郎*も、このへんですよ。

坂 なんだ二人は兄弟だったのか。

南 そう、ワタシ、前に金太郎にもなったんだ、オレが金太郎だったころ、林道をマサカリ持って歩いてたら、向こうからおじいちゃんが歩い

金谷旅館▼部屋数は和室12、洋室3、と中規模ながら創業は慶応三年、国内最大の総檜による「千人風呂」で温泉マニアが足を向ける旅館。すべての湯船が自家源泉。特急踊り子号は止まらないので乗りかえて蓮台寺駅より徒歩四分。下田駅よりバスの便もあり。

二宮金次郎▼江戸後期の篤志家、経世家、二宮尊徳の幼少のころからの名。一七八七年神奈川県・小田原市で生まれ、栃木県・今市で亡くなる。酒匂川は金次郎が十二歳の時、堤防工事のため、病弱の父に代わって労役についたところ。このころの、けなげなエピソードが文部省唱歌「二宮金治郎」の「柴刈り縄ない草鞋《わらじ》をつくり」の歌詞として残されている。そして三番まである歌詞の終句すべては「手本は二宮金治郎」。

てきた。こっちは金太郎のカッコだから、変に思わないかなと思って、「こんちわ」って言ったら「あー、金太郎さん?」って。

坂 「どうしたの、そのカッコ」とか、言われなかったの?

南 当然のように、ふつうに去ってきました。もひとつ、沖縄でキジムナーだったときは、赤い髪、赤いちゃんちゃんこ、赤いフンドシ。中城城《なかぐすくじょう》ってところの草むらの中でフンドシつけてたら、人がドヤドヤ来るんだよ。慌ててフンドシ締めて。向こうもいきなり素早くフンドシ締めてる人に会っちゃったから、「おっ」って。

坂 僕だったら、よっ! 昼間の夜這い? って思うかも。

南 いいねぇ、昼寝の夜這い。女性が昼寝をしているときに夜這いをかける。昼なのに。

坂 ♬夜寝をすれば昼間に眠れないのはどういうわけだ~♪* って歌、ありましたよね。

南 誰の歌?

坂 井上陽水じゃない?

金太郎▼坂田金時《さかたのきんとき》の幼名(とされている)。静岡県足柄山で育ち、幼いながらも怪力で、熊けものを友とし相撲を取ったりして遊ぶ。母は山姥という説もあり、江戸の浮世絵師、(喜多川)歌磨は豊艶な母の乳房にしがみつき、乳房をもてあそぶ赤子の金太郎を何点も描いている。金太郎のお決りのいでたちは大斧《まさかり》をかついで熊の背にまたがり、菱形の腰掛けをしている。この腰掛けそのものを「金太郎」とも呼ぶ。

♬夜寝をすれば昼間に▼もちろん、元歌は井上陽水の「東へ西へ」の「昼寝をすれば夜中に―」の歌。

― 歌詞がちょっと違うと思うんだけど……。いっとき、もっくんも歌っていて、紅白にも出ていました。

南　もっくん、シブがき隊が解散してジャニーズを出るってときに、いろいろあったんだってね。大変だね、ジャニーズは。

坂　最後に「大変だね」ってつけるのは、おばさんの会話ですよ。

― おお、海だ～。

南　海も大変よね～。

坂　こんなにだだっ広いのに、波も立てなきゃならないしねぇ。毎日、引き潮とか満潮とかもあるしさ。

南　やってらんないわよねぇ。

坂　でさ、うちの息子の嫁ときたらさ……。

――車内アナウンス　間もなく熱海に到着いたします。

南　いやぁ、今日も楽しかった。

― ちょっとちょっと、これからが本番ですよ！

ぶらぶら温泉街

坂　うわぁ、駅前がかなり混雑してる。

―　平日なのに、すごい人ですね。

南　『東京物語』なら、「夕べは眠れなかったねぇ」*ってとこだね。

坂　いま、熱海で、そのギャグやれる人、いるかなぁ。

―　ロータリーの正面に、「五月みどりの店」*と書かれてますよ。けっこう大きな看板！　どこにあるんだろう？　まずは、商店街を抜けましょう。仲見世商店街と平和通り名店街がありますよ。

坂　仲見世のほうから歩きましょうか。

―　そこに、小さな機関車がありますよ。実物大にしては小さいような。

南　ATAMIって書いてある。

坂　熱海軽便鉄道だって。簡易トイレ鉄道？

―　乗客定員四〇～五〇名。本当に小さな鉄道だったんですね。

「夕べは眠れなかったねぇ」▼小津安二郎監督、一九五三年の作品。シーンは熱海の海岸、堤防の上。正しくは「よう寝られなんだからじゃろー」。旅館での宿泊客が夜遅くまで騒いで、熟睡できなかった東山千栄子と笠智衆、老夫婦の会話の中の笠智衆のセリフ。

五月みどりの店▼一九三九（昭和一五）年、東京・江戸川区の生まれ。実家は平井の精肉店。一九五八年「お座敷ロック」でレコードデビュー。三年後の一九六一年「おひまなら来てね」が大ヒット。「一週間に十日来い」「温泉芸者」「熱海で逢ってね」もヒット。一九七〇年代以後はセクシー女優としても活躍、熟女ヌードのブームを起こした。二科展に入選の経歴もあり、熱海にギフトショップの店を持つ。

坂　あそこの「だるま」って店は、天ぷらも蕎麦も、ラーメンも寿司もある店なんです。

―　そこの床屋は、店先でおみくじ売ってますよ。

南　「世界一当たる」って書いてある。

―　この「丸福」って食堂は、百名様収容ですって。

坂　昔は社員旅行とか、団体さんが多かったからね。また、五月みどりの店の看板。♬お暇なら来てよね〜、熱海さびしいわ〜って、いまや大にぎわいですけど。

南　道端に、貫一・お宮の顔出し看板もあるね。

坂　熱海は、元祖『金色夜叉《こんじきやしゃ》』*の地だから。

―　足元にも穴が開いてる。あそこにも顔を入れるのかな？

南　足を入れて、お宮を蹴る。

―　そこまで再現するなんて、すごいなぁ。おっ、突き当りに、とうとう五月みどりの店がありましたよ。

南　熱海が「元祖・五月みどりの店の街」とは、知らなかった。

金色夜叉▼尾崎紅葉（一八六八〜一九〇三年）の作。秀才の学生の間貫一《はざまかんいち》と許婚の宮の熱海でのシーンが有名。結婚を前にしながらお宮が金持ちの息子の富山のもとへ嫁ぐこと知った貫一が怒って宮を蹴り飛ばす。今日、熱海サンビーチには貫一お宮の像が建つ。顔出し看板は駅前、平和通り商店街にある。

坂　五月みどりさんの本家は江戸川区の平井のはず。たしかお肉屋さんだった。ぼくの育った町だもん！

南　あの、崖の上の旅館、いい感じだね。

坂　窓の上の、あれは空気穴かな。細工が面白いね。おっ、側溝から煙が出てる。小火《ぼや》？　いや、湯気か。

南　あっちも。

―　さすが温泉地ですね。通りの向こうの干物屋さん、味わい深いなぁ。自家製塩辛だって。買って帰りたい。

南　からすみもありましたね。

―　七尾たくあんというのも、名産みたいです。通りの先で、人だかりしていますよ。

南　湯気も出てる。

―　「小沢の湯」といって、「熱海七湯」*といわれる源泉の一つだそうです。

坂　蒸気で温泉卵も作れるんだ。もちろん蒸気だけじゃダメですよ、卵

熱海七湯▼かつて自噴の温泉で熱海の名所としても知られていたが今日の七湯は平成九年、市政六〇周年事業の一つとして「熱海七湯」が熱海銀座周辺の道端などに再整備された。その七湯とは①大湯間欠泉②河原湯③佐治郎の湯・目の湯④清左衛門の湯⑤風呂の湯・水の湯⑥小沢の湯・平左衛門の湯⑦野中の湯（以上の七湯は入浴施設ではない）

もないと。卵がなくて湯気だけでできたら、イリュージョンだものね。

―「天神酒店」の店の脇。ここで卵、売ってます。この先を、また右に曲がると……。

南 あの電話ボックスは、元祖じゃないですか？

― 明治時代に、熱海で初めて市外通話が始まったそうで、その記念の電話ボックスみたいです。

南 元祖・頭のつかえる電話ボックス。

― たしかに、ちょっと小さいですね。すぐ横は、大間欠泉だ。へぇ、世界三大間欠泉の一つだって書いてありますよ。

南 あとは、イエローストーン国立公園のオールドフェイスフルと、アイスランドのグレートカイザー。

坂 湯気も何も出てないけど、ほんとに間欠泉？ すぐ横に、オールコック*の碑と、愛犬トビーの墓がある。

南 オールコックってのは誰っでしたっけ？

坂 全員料理人《オールコックス》じゃないよ。たしか元祖・駐日英国公使だったかな。岩

オールコック▼一八〇九～一八九七年。イギリスの外交官、軍医。初代駐日総領事、のち特命全権公使に。在任中、外国人として初の富士山へ登山、帰りに熱海旅館大湯間欠泉にも訪れるが、このとき、噴出した熱湯を愛犬トビーが浴び死んでしまう。著書に駐在時見聞した開国後の幕末日本の姿を精緻なイラストレーションとともに記録した。『大君の都』などがある。

波文庫の、さし絵が沢山入っている『大君《タイクン》の都』で知られている。トビーはその愛犬だって。まわりのソテツが、南国風だね。やっぱり、暖かいんだな。

― この間欠泉、妙に岩だらけですね。

坂 あの岩、手を広げたテディーベアーみたい。

南 あっちは、首なし地蔵。

― 見立てじゃなく、地蔵はリアルな首なし地蔵ですね。実物。こ、怖い。

南 これはオールコックの仕業かな。

― 迷推理です。

南 愛犬トビーの墓には、何て書いてあるの？

坂 この石段を上ると、もうちょっと近づけば読めますよ。じゃ、ちょっと……。

― あっ、出た！

坂 うおっ！ ふーっ驚いたぁ。間欠泉って、石段上ると出るんだね

〜。

― そうじゃないと思うけど。いまは人工的に時間を決めて吹き出しているみたいです。

坂 お、あっちに見える神社も、なかなかいいね。

― 鳥居に湯前神社とあります。

坂 それ、御神木かな。立派な樟《くすのき》だね。樟って、葉をこうしてもむと、シナモンみたいないいにおいがするんですよ。

南 あ、ほんとだ。へえー、いい匂いだね。

坂 ショウノウ（樟脳）には、字のごとく、樟《くす》の成分が使われているんです。枝のところにいっぱい生えてる草は、ノキシノブっていうシダ植物。

― さすが、元祖・造園家。

坂 いや、ドロップアウトのただの元・天才造園家。ほら、神社の入り口にも、温泉が出てますよ。

― 小さい滝みたいになってますね。近くにあるは神様の像かな。

南　ご祭神は少彦名神《すくなびこなのみこと》*。オレが大国主神《おおくにぬしのみこと》*だったときにね、少彦名神と賭けをしたんですよ。オレはションベン我慢して、少彦名神は重い荷物を背負って、どっちが遠くまで行けるかって。オレが負けました。

大変よねぇ

坂　なんか、立派な建物が見えてきたね。

南　「本家・ときわぎ」。百年羊羹。

坂　これは、いい建物だ。素晴らしいなぁ。

南　百年羊羹にふさわしく。この唐破風《からはふ》*ってのは、由来がよくわかんないらしいですね。あれは、懸魚《げぎょ》*とかいう。

―　何かの動物を象っている……鳥?

南　鳳凰じゃないすか?　いや、懸魚に鳳凰はなかったか。

坂　鳳凰?　ほ〜ぅ、おう!　この店は、横山大観*とか徳富蘇峰*といった著名人ご愛顧の店。

少彦名神▼日本神話に登場する神。大国主神の国造りのとき海のかなたから舟に乗って訪れ、大国主神と義兄弟になって国造りを担ったという。少彦名神は医薬、酒造り、農業、そして温泉の神とされている。絵本などではバッタのような小ささで描かれたりもしている。

大国主神▼波のかなたからやってきた少彦国神と力を合わせて、国造りをする。素盞嗚尊《すさのおのみこと》の子とされ、天照大神《あまてらすおおみかみ》の使いがきたとき国土を譲って隠れる。出雲大神の祭神で縁結びの神。昔の絵本には「因幡の白兎」の物語で、大きな袋を背負ってガマの穂を手にする大国主命の姿で登場する。中世からは大黒様と同一視。

唐破風▼屋根のデザイン、構造の一種。神社や近世の城郭の天守などに多く見られるが、身近なところでは

ー　向かいも和菓子屋さんですね。あっちは「常盤木羊羹店」の総本店。ここの「常春のあたみ」って小さい最中が、淡い甘みで上品なんです。

坂　本家ときわぎのショーウィンドーに、「常盤木羊羹店」との違いが書いてありますよ。

ー　どうも、ひらがなと漢字の、二つのお店はフクザツな関係にあるみたいですね。

坂　「白だ黒だとけんかはおよし　白という字も墨で書く」って都々逸がありましたけどね。「常盤木羊羹店」のほうは、お茶が飲めますよ。ちょっと休んでいきましょうか。

――店員さん　いらっしゃいませ。

ー　ぜんざいもなか、きびもち、羊羹……。

――店員さん　どれも、お飲み物とセットにできますよ。お抹茶、コーヒー、紅茶があります。

南　そんなには飲めない。

古い立派な銭湯の屋根なども中央部は弓形で左右の両端が曲線状に反り返る、この唐破風様式であったりする。

懸魚▼破風《はふ》の中央や左右部分、棟木や桁の先端、木口などを隠すための装飾板。頭初、魚の形（火災を防ぐ水と縁の深い魚）をしていたので、魚を懸《か》ける「けんぎょ」「げぎょ」と呼んだという。

横山大観▼一八六八（明治元）年〜一九五八（昭和三三）年。茨城県水戸市の生まれ。明治、大正、昭和と三代にわたって活躍した日本画家の巨匠、美術界の重鎮。富士山を多く描き、記念切手にもなっている。上野、池之端に「横山大観記念館（元自邸）」がある。

徳富蘇峰▼一八六三（文久三）年〜一九五七（昭和三二）年。こちらも明治、大正、昭和と三代を生きた

― どれか一つ選んでくだされればいいんです。

坂 ぜんざいもなかとお抹茶。

南 ぼくは、きびもちとお抹茶。

― 私もそれで。

坂 あの、この近くに、古くからやってる洋食屋さんってありませんか？

――店主　スコットさんですかね。

坂 あ、そうそう。たしか谷崎潤一郎*が行っていた店なんですよ。

― 歴史がありそうなお店ですね。熱海は、元祖・新婚旅行の地だったりはしないですか？

坂 それはもう、戦前の話でしょう。

― 当時、関東の人はよく新婚旅行に来たと思いますけど、戦後は会社の慰安旅行って感じですよね。

坂 それも、百人とかの大宴会でしょ。大変だね。

南 大変よねぇ。宴会も。

ジャーナリスト。名は猪一郎。明治二〇年民友社を立ち上げ、総合雑誌「国民之友」を創刊。以来、戦前の言論界を牽引する。敗戦後、公職追放となり熱海に隠棲。小説家・徳富蘆花は弟。

谷崎潤一郎▼一八八六（明治一九）年〜一九六五（昭和四〇）年。東京・日本橋の生まれ。明治末から昭和・戦後まで現役の小説家として旺盛な執筆活動を続けた。個人の体験をもととした美とエロスを表現する近代文学を代表する作家の一人で海外での評価も高い。文壇を始め世間の耳目を集めたスキャンダルの主人公でもある。最晩年は熱海の隣りの神奈川県・湯河原町に新宅を建て居住、『源氏物語』の現代語訳（谷崎源氏と呼ばれる）を完成、湯河原の地で生を終える。

―　社員旅行も減っているはずなのに、駅前は賑わっていましたよね。一回寂れた分、穴場なのかな。

坂　都心からもすぐだし。

坂　ぜんざいもなかは、中に求肥《きゅうし》が入ってる。おいしい。

―　きびもちも、もちもちでおいしいです。

――店主　あの、こちら、周辺の地図になりますので、どうぞお持ちください。

坂　おお、素晴らしい！　ありがとうございます。

―　あ、見番って書いてありますよ。

坂　じゃ、芸者さんがいるんだね。

―　「熱海ナイトライフ」ってコーナーもある。「ラピスラズリ」「ザ・ウェーブ」「クラブメルヘン」……。夜のお店が紹介されているんですね。温泉街らしいというか。

―　今度目指すのは、元祖・温泉まんじゅうの「延命堂」です。

坂　次も和菓子屋さんですか。熱海って、和菓子屋さんが多いって聞きますよ。

― 店の横でお湯が湧いてる。「延命の湯」ですって。

南 そっちには「温泉まんじゅう　一名延命まんじゅうの由来」。

― 大正時代、初代が高温で自噴する温泉を見て、その蒸気でまんじゅうを蒸すことを思いついたと。

南 郷土の有志らとともに、熱海温泉の発展を祈って「温泉延命まんじゅう」と名付け、発売したところ！　お客様のだいこーひょーを博しっ！　ご愛顧を賜りました!!　店主敬白。

坂 初代になりきっていましたね。店の奥に、大きく「元祖・温泉まんじゅう」と書いてある。

坂 あれ、このおまんじゅう、変わった焼印が押してありますね。

――店員さん　この時期、お彼岸用で、蓮の花になっています。

坂 じゃ、これ、いただいていきます。

（リリリリリン……）

南 ぼくかな。もしもし……。

— 今度は、海の近くまで行ってみましょうか。
南 あのー、実は電話で、本日下版のイラストがあることが判明しました。
坂 ほんと⁉ これから戻るの？ 大変じゃない？
南 大変よねぇ。
坂 で、うちの息子の嫁がまた……。
— 嫁はともかく、お時間、まだ大丈夫ですか？
南 もう少し、大丈夫。
— では、そこの川沿いを下っていきましょう。

また来よう！

坂 ここのアーケード、なんだか波打ってますね。注連縄《しめなわ》を模してるのかな。いや、熱海だから波か。わ、そこの喫茶店、すごい数のパフェが並んでる。

坂　通りの向こうの干物屋さんは、「熱海の草分け」と書かれている。

南　草分けってことは、かなり歴史がありそうだ。

—　和銅三年創業だそうです。

坂　和銅？　和銅って言ったら、和同開弥《わどうかいちん》*の時代でしょ。そんなに古いの？

—　そこまで古いと、もうわかりません。その先には、「元祖・久留米ラーメン　福ヤ」があります。

—　チェーン店みたいだけど、元祖は元祖だ。あ、地図にあった「クラブメルヘン」だ。

—　しかも、二階は「メルヘン企画」。手前の「伊藤はちみつ店」は看板の文字が完全に反転しているし、この一角、ちょっとヘンですね。

坂　スコット、ここらへんのはずだよね。

—　あ、通りの向こうにちらっと見えました。

坂　手前の小さな店が、本店でしょうね。

南　えー、大変遺憾ながら、ぼくはこのへんで失礼します。

和同開弥▼しばらく前までは「わどうかいほう」と読むのが主流だった。和銅元年（七〇八）に鋳造、使用された銭貨。日本最初の流通貨幣。三年後の和銅三年には藤原京から平城京に遷都。五年に太安万呂《おおのやすまろ》により『古事記』完成。

坂　大変ご苦労様ですが、道中大変お気をつけて。

南　大変恐縮です。

ー　最後は大変おじさんですね。お疲れ様でした。

坂　さて、われわれは、もう少しこのへんをうろついてみますか。この川沿い、あたみ桜って桜が植えられてるみたい。

ー　そこの案内板に、明治時代に、イタリア人によって熱海にもたらされたとあります。開花は一月。だからもう葉桜なんですね。

坂　桜くらい、なにもイタリアの世話にならなくても。この橋、装飾が過剰なくらいしてあるね。

ー　ドラゴン橋っていうらしいですよ。下を流れるのは、糸川。

坂　それで、橋の欄干が両側とも龍になってるんだ。こっちのは口を閉じていて、あっちは開いてる。阿吽《あうん》*になってるんだね。神社の狛犬《こまいぬ》かよ！　龍ほどのものが。

ー　あ、正面の中華料理屋さんが、元祖・揚げわんたんの「大一楼」です。

阿吽▼「阿《あ》」は口を開けて最初に発する音、「吽《うん》」は口を閉じて発する最後の音で、この音が宇宙の始まりと終わりを表すとされた言葉。サンスクリット仏教の呪文の一つ。阿吽の表情の口をそれぞれ開け閉じする表情は神社の狛犬、寺社の仁王、沖縄のシーサーなど一対のモチーフとなっている。相撲用語でも「阿吽」の呼吸が合わず——などと普通に用いられている。

坂　「さくっとおいしい当店名物！」だって。

―　でも、やっていない。ビールに合いそうなのに。いま、四時半か。

坂　そういえば、いつもは乾杯している時間ですね。

―　じゃあ、「スコット」に戻って一杯やりましょうよ。

坂　さんせーい!!

―　お店の灯りが、何ともいいね。日が少し傾いてからのほうが、断然雰囲気あるなぁ。

――店員さん　いらっしゃいませ。

坂　どうも、三人ですが。――飾ってある絵もカッコイイ。

―　ここはビールより、ワインのほうがよさそうですね。この、ヴォージョレ・ヴィラージュ。料理は、うーん、エビフライは食べたいです。

坂　カニコロッケとかは？

―　いいですねー！　あとは、オウドウブルで。

坂　オードブルじゃなく、オウドウブルってところが、またいい。それと、パンを少しもらっておきましょうか。

― こちらは昭和二十一年の創業ですって。

坂 戦後、そんなすぐに始めてる店って、なかなかないですよ。熱海の元祖・洋食レストランといってもいいかもしれない。

― 熱海市観光協会の「意外と熱海」というサイトによると、谷崎先生のほかに志賀直哉*なんかも来ていたみたいですね。

――店員さん こちら、赤ワインとお食事でございます。

坂 谷崎さんはここらへんに住んでいたんですか？

――店員さん はい。ここよりもっと上のほうですけど。

坂 お店を始めた初代の方は、どちらかで修行されたんですか？

――店員さん 箱根の富士屋ホテル*です。上野の精養軒*にいたこともありました。

坂 富士屋ホテルですか！ それに戦前の上野精養軒っていったら、大変なものですよ。文学者の壮行会みたいなのも何かと開かれていて。いやいや、今日も歩きました。乾杯！

― かんぱーい！ オウドウブル、テリーヌやマリネなんかがちょっと

志賀直哉▼一八八三（明治一六）年〜一九七一（昭和四六）年。武者小路実篤とともに「小説の神様」と言われた。『城の崎にて』『暗夜行路』など高校生でもその作品名を知る文豪。戦後の一九四八年、東京の世田谷から熱海市大洞台の山荘に移住。

富士屋ホテル▼神奈川県箱根町宮ノ下温泉にある明治一一年開業の老舗ホテル。明治二六年からは外国人専用ホテルとなりオーストリア皇太子やタイ国王と王妃、あるいはチャールズ・チャップリン、ヘレン・ケラーらが宿泊。戦後の一九五四年一般自由営業となり今日に至る。二〇一八年四月一日から二〇二〇年まで改修工事のため休業。

精養軒▼上野恩賜公園内高台に建つ老舗西洋料理店。一八七六（明治九）年の創業。西洋圏では壮行会・祝賀会・記念会が多く開かれ、例

ずつ乗っていて、楽しいですね。しかも、どれもおいしい。
坂　フライも、おいしいよ。
―　衣サクサク。エビは甘いし、カニコロッケはクリーミー。
坂　谷崎や志賀直哉も食べたかと思うと、ひとしおです。
―　熱海、見どころいっぱいの、いい街でしたね。
坂　東京から特急で一時間二十分、新幹線なら四十五分とかそれくらいでしょ。また来ましょう！

えば芥川龍之介の中国への特派員送別会（大正一〇年）、高村光太郎・智恵子の結婚披露宴（大正三年）、太宰治の『晩年』出版記念会（昭和一一年）ほか、里見弴、永井荷風、萩原朔太郎、武者小路実篤などが来店。

Part. 7

散歩通向き、駒込から巣鴨へ

「おばあちゃんの原宿」などとなにかと話題となる巣鴨だが、いやいや、この町は散歩好きなら誰が歩いても実に楽しい。地蔵通りは甘党辛党各種取りそろえた味のストリート。しかも新旧の趣向の店がモザイク状に隣り合っている。この巣鴨を、直接めざすのもいいが、散歩党を自認する向きには駒込から、あちこち、寄りながらのコースをおすすめしたい。

本家から本家へときて商店街

— 今日は、駒込駅からスタートです。吉本隆明さんは、ここらへんに住んでいませんでしたか？

坂 たしか生まれは月島だけど。

— 本駒込あたりにいたことがあったようだな。ここからは、少し離れていますね。

南 団子坂*のほうじゃなかったかな？ 染井墓地*から浅草までバスに乗ってくと、途中で団子坂あたりの商店街を通るんですよ。そこで、自転車引いて吉本さんが坂上ってくとこ、二回くらい見た。

坂 染井霊園には、いろんな有名人のお墓がありますよね。宮武外骨*とか。あとは知らないや。

南 そうそう。その外骨のお墓参りのときです、吉本さん見たのは。染井墓地の隣に、芥川龍之介の墓もあったり。

— 通りの向こうにあるのが、今日初の本家です。

団子坂▼東京都・文京区の千代田線千駄木駅から西へ森鷗外記念館へ向う坂。江戸川乱歩の『D坂殺人事件』の「D」は、この団子坂の坂。かつては菊人形でにぎわい、夏目漱石の『三四郎』にも登場する。

染井墓地▼正しくは「染井霊園」。都営の霊園で水戸徳川家の墓所。園内はソメイヨシノの桜の名所でもある。宮武外骨の他、饗庭篁村《あえばこうそん》、淡島寒月、岡倉天心、梶田半古、陸羯南、笹川臨風、下岡蓮杖、高村光太郎・智恵子、二葉亭四迷、水原秋桜子といった文人も多くここに眠る。

宮武外骨▼一八六七年〜一九五五（昭和三四）年。反骨のジャーナリストにしてパロディの天才。その人生の概要は刊行の雑誌名や、著書名に表わる。例えば『頓智新聞』『ザックバ狂堂随筆』『滑稽新聞』『半ラン』『スコブル』『早晩廃刊雑談』

坂　小松庵総本家？　ここ、前はなかったよね？

南　ビル建ってからですよね。お蕎麦、わりとおいしかったすよ。

ー　メニューには、大正十一年創業とありますよ。すぐそこは、六義園*ですか。

坂　六義園といえば、柳沢吉保。五代将軍綱吉の時代の大名が作った庭園ですよね。

南　六義園にも、ときどき来ました。

坂　元祖、和歌をテーマにイメージした大名庭園！「むくさのその」といった。

ー　さ、次の本家に向かって、本郷通りの坂（妙義坂）を下りますよ。

坂　こうして陸橋の上から見ても、ここらへんは起伏が激しいのが、よくわかりますな。

ー　坂道も多いですもんね。おお、ときわ食堂。このへん、多いんです。ときわ食堂という名前の店が。

坂　巣鴨だけでも、地蔵通り商店街に二軒と、ほかにも近くに一軒あり

『面白半分』『すきなみ』『アメリカ様』等々。

六義園▼文京区本駒込にある都立庭園。徳川五代将軍・綱吉の側用人・柳沢吉保が、回遊式築山泉水庭園として造営した大名庭園を、明治初年三菱財閥の創業者・岩崎弥太郎が改修・整備。もともと、この庭園のコンセプトは和歌に造詣が深かった吉保が和歌の世界を再現しようとしたもの。そのためか大名庭園とはいえ、全体にやわらかで、優雅な印象を受ける。

ますよ。

ー　その、擬宝珠の乗った橋の親柱みたいなのがあるお店が、「千鳥屋総本家」です。

南　創業寛永七年。

坂　「千鳥饅頭」には、千鳥の焼印が押してある。波千鳥のもあるね。僕、これにします。ぬれ煎餅も捨てがたいけど……。

坂　できました。「夏の海 千鳥もつまむ ぬれ煎餅」 これから、どこへ向かうの？

ー　坂をもう少し下りて、霜降《しもふり》銀座商店街をちょろっと散歩というのは？

坂　いいですね～。あのへんに、霜降橋って交差点があるでしょ？ あの商店街の道は昔、たしか川だったんですよね。ちょっと行くと、ジョサイア・コンドル*が造った洋館なんかがある旧古河庭園*があって。もうちょっと行くと王子で、飛鳥山には渋沢栄一*が住んでた家がある。なんたって王子製紙発祥の地でしょ。僕、入ったことある、ここの銭

ジョサイア・コンドル▼一八五二～一九二〇年。イギリスの建築家。明治新政府の「お雇い外国人」として明治一〇年来日。工部大学校（現・東大工学部建築科）で辰野金吾、片山東熊らのちの日本の建築界を担う人材を育成。お茶の水・ニコライ堂、上野・旧岩崎邸、北区西ヶ原の旧古河邸などの作品が今日に残る。

旧古河庭園▼北区西ヶ原にある都立庭園。「バラの洋館」として知られる。建築と洋風庭園はジョサイア・コンドル。日本庭園は、名匠といわれた造園師〝植治〟こと小川治兵衛による。

渋沢栄一▼一八四〇～一九三一（昭和六）年。明治新政府のもと、実業界の指導的役割を果した実業家。銀行、鉄道、製紙、学校、劇場、不動産業といった近代日本の多くの事業を興じた。三菱創業者・岩崎

湯。その先、ちょっと上見て。商店街の入り口にゆるキャラがいるの。

― 霜降の「し」と「も」がキャラクターになってるんだ。焼き鳥屋、本屋、洋品店、八百屋……この商店街、チェーン店はあまりないみたい。

坂 ここいらって、居酒屋がほとんどない。前来たときは、しょうがないから、不思議な喫茶店に入って。

南 このへんは、住所表示が西ヶ原になってる。もう駒込じゃないんだ。

― この水草は、何というんでしたっけ？

南 ホテイアオイ。* ホテイアオイに紐つけて流水に流してるところ、赤瀬川（原平）* さんが、路上観察で写真に撮ったことあってね、「逃げないタイプ」って題つけてた（笑）。

坂 リードね。

― ホテイアオイの散歩？

坂 飲み屋がないからって、そこの「扇屋」って蕎麦屋に入ったことも

弥太郎と三井の渋沢とは激しいライバル関係となった。

ホテイアオイ▼南アメリカ原産の水草。水面に浮かんで生育。葉柄がふくらんで浮袋状態なのが特徴。金魚鉢の水草としてなじみぶかい。

赤瀬川原平▼一九三七（昭和一二）年〜二〇一四（平成二六）年。神奈川県・横浜生まれ。前衛芸術家、作家、随筆家。一九六〇年代、高松次郎、中西夏之らとともにハプニング集団ハイ・レッド・センターを結成。一九六五年千円札裁判で話題となる。漫画家、イラストレーターとしては七〇年代の『櫻画報』、さらに南伸坊、松田哲夫らとトマソン、路上観察学会という、遊び、ごっこと観察研究の考視学的アクションを実践。著作家としては『父が消えた』で第八四回芥川賞を受賞、エッセー『老人力』がベストセラーとなる。赤瀬川原平の総体の検証とそ

あったなぁ。お、そっちの古着屋には、かなり豪快な柄のTシャツがありますよ。

ー　タグ付き商品以外、五百円。ちょっと、のぞいてみますか。

南　こういう絞り染めの、流行しましたねぇ、もう五十年以上前。ヒッピースタイル。

ー　サイケデリックなやつですよね。たしかにいっとき流行りました。

坂　そこ、千鳥屋の支店がある。

南　チロル饅頭ってあるけど、チロル饅頭の焼印って何ですか？

坂　そりゃ、ホルンでしょ。

南　チロリアンハット*でも、いいね。

坂　チロリアンハットなんて、若い人、知らないんじゃない？

南　中学生くらいのとき、チロリアンハットかぶって高尾山に行ったことあります。

坂　恥ずかす〜ぃ。

南　ちょっと、このベンチで休んだりなんかして。

の再評価は今後の研究が待たれる。

チロリアンハット▼名のとおりアルプス、チロル地方のフェルト製の帽子。日本でもハイキングや登山の際に多く着用された。この帽子で連想するのは、ヨーデル。

坂　そうしましょう。あれ、編集さんがいない。ま、ここで休んでましょ。

南　前、誰かと散歩しながら、坂崎さんが石の講釈とかをしてくれてた番組があったよね。

坂　それ、たぶん清澄庭園。三菱財閥の岩崎弥太郎*が、自分で庭を作りたくて作りたくて、ついに着手するんだけど、途中で他界しちゃって。それを子供たちが引き継いで完成させたのが、清澄庭園なんですよね。三菱っていったら海運業で、全国の石を持ってこられるから、佐渡の赤玉石*なんて、いまは発掘禁止の石もあります。

南　そうそう、あの番組すごくよかったなァ。

坂　口の悪い人は「あの庭は、石材置き場じゃないか」なんて言ったりして。でも、石のある庭園は雨のときがいいんです。濡れた石がきれいで。

南　前、シロウトが庭作るっていうテレビの企画で、京都行ったことがあるんだけど、あれ、山の麓みたいなとこに、京都中の庭木とか石とか

岩崎弥太郎▼一八三五（天保五）年～一八八五（明治一八）年。三菱財閥の創業者。政商、とくに海軍業で巨万の富を得る。

佐渡の赤玉石▼鉄分と石英が高熱、高圧によって結合・生成した石。赤く美しい透明感があり、佐渡の赤玉石は、神戸の本御影石、鳥取の佐治川石とともに、日本の三大銘石といわれている。現在、発掘禁止。

が集まってるところがあるの。「この石なんて、何億ですよ」とか言うんだけど、そこらに置いてある。誰も持ってかない。重いから。

坂　自分の庭を作るときには、場合によっては人の庭の石を強引に買ってきちゃう。もう奪うように。

南　いまでも、そういう好事家はいるんですかね？

坂　岩崎弥太郎は、そういう人だったんです。彼はちっちゃいころから、石を積んで遊んでたんですって。

南　そんなんで岩好き弥太郎。

坂　うまい！　これは、うまいぞー。……だけど、いままで話してきた庭の話は、何だったんだろう？　岩好き弥太郎登場のため？

どうした、編集

坂　編集さん、全然来ませんね。写真撮るのに夢中なのかな。

南　道がわかんなくなってるってことはない？

坂　この商店街は一本道だからねぇ。ちょっと電話してみようかな。案外、喫茶店とかに入ってゆっくりしてたりして。

南　いいねぇ、自由だねぇ。にしても、よく迷子になる人だなぁ。

坂　……出ないなぁ。

南　あれ、ここ染井銀座なの？　いつのまに霜降銀座から染井銀座に入ってたんだろう？

坂　と思いきや、電柱の住所表示は駒込ですね。このあたりは、道がけっこうグニャグニャ曲がっているし、小さな路地も縦横無尽に走っているので、地域の区分けがちょっとわかりにくいのかもしれません。

南　大塚駅のあたりは、巣鴨っていったんだよね、もともとは。あの人、編集さん？

坂　えーっと、違うみたい。もう一回電話を……出ないな。事件にでも巻き込まれたかな。あるいは巻き込んだかな？

南　ハハ。

坂　来た来た。

―　どうも、お待たせしました。

坂　どーしたの？　大丈夫？

―　お二人が入っていったTシャツの店に、ずーっといるもんだと思って待ってたんです。

坂　それにしちゃ、長いでしょう。

―　僕も不審に思ったんですが、よほどの掘り出し物があって、じっくり見てるのかなぁと思って。

坂　そんなねちっこく、モノ探さないですよ。ま、ご苦労さん。そこの食堂は、いい食堂だなぁ。

―　うまそうですね。値段も適正。

南　メニューの字がいいね。大らかですね。

坂　そういえば、巣鴨には、いい飲み屋があるんですよ～。

―　えっ、早く行きたい。

坂　今日は木曜？　金曜なら、ポテサラ作る日だったのに。できたてのポテサラ、あったかいんだ～。

― 惜しい。あ、広場で猫が寝てる。このへん、猫が多いんです。

南 染井開運稲荷大明神。

― こんなとこに、こんな小さなお社があるなんて。このへんの道のクネクネ具合は、いかにも昔、川だったんだろうなと思わせますね。

坂 いまも暗渠で、この下を流れているかもしれませんよ。

南 SOMEIGINZA.

― おお、地面にローマ字が。

坂 SOME I GINZA? サム・アイ・ギンザ? ここ、「私銀座の一部」っていうとこ? まっ、気にせずに。ここがまた商店街の境で、今度は西ヶ原銀座になるんだ。

南 以前、このへんに西ヶ原貝塚*という貝塚があると聞いて行ってみたら、中学校の敷地内にあるらしく、結局見られなくてがっかりしたことがあります。

坂 貝塚っていったら大森貝塚だけど、あのへんの近くには「貝塚あります」ってあるかな。

西ヶ原貝塚▼大森の貝塚とともに北区西ケ原にある都内有数の貝塚。現在、区立飛鳥中学校の校庭を中心に約三百平方メートルの広さの貝塚で、縄文土器、骨角器などが出土している。

——駅に、そういう看板、たしか出てますよ。
南　おっきい碑が建ってましたよね。あれに書いてある？
——JRの京浜東北線からも、大森駅付近で電車から見えます。
坂　モース*も地面に貝がいっぱい露出しているのを電車から見て、「あれ、貝塚じゃない？」ってなったんじゃなかった？
南　モースも「貝塚あります」って看板見たのかね？
坂　モースが申すには、モースがビョーブにジョーズに……。
——商店街が途切れたところで、染井霊園に向かおうと思います。
坂　この建物、面白いね。
南　横から見ると、角がすごいとんがってる。（隣の駐車場からのぞいて）反対は、まっすぐ。
——両方ともあんなだったら、お店が菱形になっちゃうところでした。
坂　向かいの家のあの錆びた煙突、ジャコメッティ*入ってますよ。
南　おおー、いいなァ。唐突で。
坂　いや、煙突。唐突煙突、か。

モース▼エドワード・モース、一八三八～一九二五年。アメリカの動物学者。一八七七（明治一〇）年、東京大学の「お雇い教授」を務める。大森を通過する汽車の窓から貝塚を発見した。また、日本に初めてダーウィンの進化論を紹介、生物学、人類学、考古学の基盤を作った。

アルベルト・ジャコメッティ▼一九〇一～一九六六年。スイス生まれの彫刻家。針金のように細い人物像の作品で知れる。ピカソやアンドレ・ブルトン、サルトルとの交友があり、彼の作品は人間の実存を表現するものと評された。

―　一階から四階くらいまで、建物に沿って細長く延びている感じが、なんとも不思議だなぁ。
坂　隣も、ちょっと……何だろ。
南　勝手に作っちゃったみたいな柱が建ってる。
坂　不思議だと思ったら、このへんの風景全部がシュールに見えてきた。あの窓際のお父さんの後ろ姿なんか、アンドリュー・ワイエス*みたい。
南　あの坂も、変。なんであんなふうになるの？
坂　なんだ坂、こんな坂、変な坂、こんな坂……。
―　坂の途中で、不自然に道が分岐しているというか。歪んだY字路とでもいいますか。
南　横尾（忠則）さんの絵みたいな。
―　坂の手前を左に折れてちょっと行くと、染井霊園です。
南　ここらへんは、芥川龍之介の墓が近いですね。
―　そこに地図がありますよ。芥川のお墓がある慈眼寺には、谷崎潤一

アンドリュー・ワイエス▼一九一七～二〇〇九年。アメリカン・リアリズムの画家。作品の題材はほとんど身近の人物や風景に限られ、モデルを決めると同じモデルで、何年かにもわたって多数の作品を制作することで知られている。代表作『クリスティーナの世界』は草原に女性が座っているように見えるが、この女性は障害があり、はいつくばって家に戻ろうとした情景を感動をもって描かれたという。

郎のお墓なんかもあるみたいだ。
南　司馬江漢*のもある。
坂　ブツブツコーカン？　……行ってみましょうよ。

元祖・本家の墓めぐり

南　この道、なんか懐かしい感じだね。
―　並んでいる家が、昭和っぽいというか。この木の柵の感じとか。軒先に植木が多いのが、またいいですね。
南　ここが、慈眼寺。
―　墓地の入り口に、誰のお墓があるのか書いてありますね。あれ？　谷崎がない。墓地内の地図はないのかぁ。
――カラス　カァ、カァ、カァ。
南　うちのほうに「バカァ」って鳴くカラスがいる。
坂　ほんとに？

司馬江漢▼一七四七〜一八一八年。東京・芝に住んでいたことから「司馬」を名乗った。初め「二世　鈴木春信」（後出）の名で春信の贋作絵師として作品を発表。のちに洋画の影響を受け写実的な作品を描くようになる。浮世絵全盛の時代、リアリズムの西洋画風の描写は異端であった。奇人でもあり、数々のエピソードが残されている。

南　ほんとに。「バカァ、もうバカァ」って。

坂　失礼なカラスだなぁ。バカァというほうがバカなんだから。

―　そこに「芥川龍之介の墓」ってありますよ。

坂　え、こんな小さかった？

南　品がいいね。ワインが置いてありますね。

―　タバコも。小銭があるのは、お賽銭感覚なんでしょうか。あ、やっぱり谷崎もありました。

坂　谷崎のお墓は、京都のほうにもありますよ。鹿ヶ谷のほうに。

南　あれが、司馬江漢だって。ああ、司馬江漢は、浮世絵の鈴木春信*に師事したんだよね。

坂　画風は全然違うけど、春信のニセモノ描いてますよね。

南　ああ、そう！　司馬江漢のは、遠近法がものすごい効いちゃってるんだ。

坂　その横のほうにあるのが、おう、斎藤鶴磯《かくき》*。「武蔵野話」っていう地誌を書いた人で、昔、オレが武蔵野関連の本を集めてたとき……鶴

鈴木春信▼一七二五～一七七〇（明和七）年。江戸中期の人気浮世絵師。「錦絵」と呼ばれる木版多色刷りは、この春信によって生まれた。また、描かれる男女はたおやか、可憐で、婦女子のファンからも多く支持された。エロティックな画題も多いが現実的な卑猥さはまったくない。

斎藤鶴磯▼一七五二～一八二八年。江戸中期から後期にかけての儒学者。地誌研究家。武蔵野の国（現・埼玉県所沢）に住み武蔵野の地理や歴史、風土に関する『武蔵野話初編』著した。続く続編門人によって刊行された。『武蔵野話』は一九七〇年、有峰書店から復刊、今日、古書展などでもみかけることがある。

磯の本も買って持っていたような。「千支考《せんしこう》」？ などの著作でも知られているって書いてありますけど……あ、「干支考《かんしこう》」か。干支《えと》ってね、うし、とら、さる、ひつじ……十二支で、千もないもんね。

― このお墓にも小銭が。つい置いちゃうのかな。

坂 知り合いのバーの入り口には、インテリアとして敷石がわりにセメントに一円玉がばーっと敷き詰めてあるの。「千枚敷いても千円だろ?」って、店主が言ってたけど。これがキレイでね。一円玉の白さが。

南 五円玉でご縁があるように、とか言わないの?

坂 ねぇ……。でも五円だと、工事費五倍になるし。

南 ここまで来たら、宮武外骨先生のお墓にも行きましょう。こっちです。

坂 このへんからは、霊園ですね。おお、胸像が置いてあるお墓が。そこの大きなお墓には、奥津城とある。そういうお城にいた人たちのお墓ってこと?

― あれ、「おくつき」と読むんです。神道のお墓のこと。宮武外骨、宮武外骨……。

南　ここからすぐだ。あんがい間違ってなかった。

坂　その道を左に行って……お、ありました。

南　この外骨先生の似顔絵は、僕が描きました。

坂　あ、名刺入れのね。

南　線香立てに亀が彫ってあるは、亀四郎って幼名だったから。

坂　亀って外に甲羅があって中が肉でしょ。それで外骨っていうんですよね。人間は中に骨があって外に肉がついてるけど——。これはホントです。

南　この近くに徳川ナントカのお墓があって、そのそばの桜の下で花見したことあるんだ。

坂　染井っていったら、ソメイヨシノ*の本家でしょ。いいねぇ。外骨はジャーナリストの本家だし。

南　パロディの元祖といってもいい。

坂　芥川は、芥川賞の本家。本家のくせに、本人は取れなかった。

ソメイヨシノ▼今日の花見の桜のほとんどがこの「ソメイヨシノ」。エドヒガン系とオオシマザクラ系の交配によって生まれた園芸新種。明治の中期ころからはほとんどがこのソメイヨシノが植樹された。名の由来は、巣鴨、駒込の田地名である「染井」の植木屋が売り出したから、という説がある。

―　お、この先に岡倉天心*の墓があるそうです。

坂　ハデだと思いますよ……あれ、そうでもない。意外だなぁ。

―　向こうのお墓は、地中海風？

坂　パルテノン神殿みたいだ。

南　これは千葉周作*の墓。北辰一刀流。

―　ここらへんは、霊園に隣接する本妙寺ってお寺みたいです。境内図がある。あ、天野宗歩の墓。

南　誰？

―　江戸時代、棋聖と仰がれた将棋指しです。そういえば、いまはちょうど棋聖戦の真っ最中だ。

南　こっちは、本因坊先祖代々の墓だって。

坂　遠山の金さん、遠山金四郎*の墓もある。いや「金さん」はドラマの主人公、こちらは遠山景元、現実の人。墓があるくらいだから。その隣が柳家金ゴロー*、はなかった。

―　いろんなお墓があるなぁ。墓地を歩くのって、楽しいですね。

岡倉天心▼一八六三（文久二）年～一九一三（大正二）年。思想家、美術プロデューサー、カリスマ的指導者。「お雇い外国人」のアーネスト・フェノロサと新しい日本画の発展に力をつくす。天心の思想に賛同した横山大観、橋本雅邦、菱田春草らと日本美術院を結成。多くの日本画家に影響を与える指導者となる。東京美術学校（現・東京芸大）を創立、初代校長。著書に『茶の本』『日本の目覚め』他。

千葉周作▼一七九三（寛政五）年～一八五六（安政二）年。剣法・「北辰一刀流」の創始者。神田お玉ヶ池で多くの門人を擁し、一文流派となる。門下から山岡鉄舟、清河八朗、山南壮助など幕末の剣客を多く輩出した。

遠山金四郎▼江戸北町奉行・遠山金四郎景元。講談、落語、歌舞伎で人気のキャラクター。遊び人の金

坂　楽しい。掃苔趣味という言葉もあります。墓の苔をはらって歩く、でも、疲れちゃうんだよね。あれもこれも見たくなっちゃうから。

―　白山通りに出ましたね。

南　やー、なんか、のど渇いた。

―　あ、五時の鐘。信じられない。まだ一杯も飲んでいないのに。

坂　あそこ、ヒョウタンが並んだ看板が出てるとこが、元祖・「千成もなか」。どら焼きの皮だけも売ってるんだよね。

南　千成もなかは大塚が本家だと思ったら、ここが元祖なんだ。

―　ひょうたん型の、色とりどりのもなかが並んでいる。粒あん、こしあん、ごま……色ごとに味が違うのか。

南　奥、座れますね。

―　え～かき氷が百円ですって。お茶やお水はセルフサービスで無料。すごいな～。

南　氷黒蜜って、いいね。そそりますね。

――店員さん　ご注文お決まりですか？

さんが、実はお奉行、と、よくある設定。お白洲シーンが見せ場で「桜吹雪の彫物」がトレードマーク。片岡千恵蔵の当り役。杉良太郎、高橋英樹、松方秀樹、松平健、そして最近では松岡昌宏が好演している。実際にいた遠山景元は江戸の後期旗本、北町奉行、のちに南町奉行所ともなった。時の老中・水野忠邦の天保改革の行き過ぎに対抗、庶民からの人気を得ていたようだ。

柳家金ゴロー▼柳家金語楼。一九〇一（明治三四）年～一九七二（昭和四七）年。大正、昭和に喜劇俳優、落語家、タレントとして活躍。戦前はエノケン、ロッパと並ぶ三大喜劇人として人気があった。戦後はNHKテレビの『ジェスチャー』やラジオ東京テレビ『おトラさん』が大ヒット。

南　氷黒蜜。

―　私は練乳で。

坂　ぼくも練乳……いや、黒蜜で。

南　氷黒蜜って、初めてだなあ。坂崎さん、ひょうたんに目がないから、座ってないね。

―　店内のひょうたんをいろいろ写真に撮っているみたいで。メニューにある「かき氷五人で食べても五百円」という文句、これは俳句ですか？

南　かきごおり・ごにんでたべても・ごひゃくえん。「も」が字余りだね。

―　いいひょうたんは、ありましたか？

坂　まあまあ。さっき言ってた巣鴨のいい飲み屋っていうのもね、「千成」*って名前なんですよ。道路を挟んで砂糖の「千成」と左党の「千成」があるのが面白い。

南　ひょうたん好きの街なんだ。

千成▼豊臣秀吉の馬印。稲葉山成を攻める美濃との戦いのとき、秀吉が小さく数の多い瓢箪を高く掲げて合図を送った功績を織田信長に認められ、金の瓢箪を与えられ馬印にすることを許された。このようなエピソードと、もともと数多く実る瓢箪を、勝利やめでたい多産や商売繁盛のシンボルとして用いられてきた。

坂　すぐ向かいです。
ー　すぐ向かいたい。でも地蔵通り商店街に元祖のお店があるので、ちょっと寄ってからにしましょう。
南　ま、煎餅でも食べましょう。
ー　いただきます。あちらにあった「薪揚げ」ってお煎餅ですね。
南　懐かしい味だなァ。
ー　お煎餅が入っていた袋、ひょうたんのキャラクターと、何かの文句が描いてありますよ。
南　ほんとだ。かわいい。
坂　千成のもなかの包みも、同じ柄。ちなみに川柳です。
南　昔の川柳かなんかと一緒にちょっとマンガが描いてある広告マッチがあって、あんなのに絵が似てますね。力抜けてて、いいよね。
坂　川柳漫画で有名なのは、谷脇素文*って人。
ー　よく、そういう人の名前がすっと出てきますね。
南　坂崎さん、挿絵の人とか、詳しいから。

谷脇素文▼一八七八（明治十一）年～一九四六（昭和二一）年。川柳漫画といえば素文というくらいのお家芸。著書に『うき世さまざまー川柳漫画』『いのちの洗濯ー川柳漫画』ほか。

坂　南伸坊って人も、知ってるよ。一般には、あまり知られてないけど。

南　どんな人ですか?

坂　なかなかいいんじゃないですか? 最近、猫の絵がうまくなってきた。いま何時?

——いけない。早くしないと、千成が混んでしまう。地蔵通り商店街、ちゃちゃっと見ましょう。

南　通行止めの立て札が、駕籠《かご》かきになってる。

——あ、そこが元祖です。元祖・薬膳にんにくの「奈多利亭」。

南　なたりーてい。

坂　ナタリ〜♪って歌、ありますよね。

——フリオ・イグレシアスの「黒い瞳のナタリー」かな?

坂　♬ナタリ〜エロジイサンコロンダ〜♪

——そんな歌詞だったかな〜。

坂　本歌はロシア民謡の、ダークアイズ「黒い瞳」。

―　その先にあるのが、元祖・塩大福「みずの」です。あっちにも元祖があった。

南　元祖・地蔵煎餅「むさしや」。ここらへんは、元祖がけっこうまとまってあるんだなぁ。

―　この奥には、元祖・赤パンの「マルジ」というお店もありますが、行ってみますか？

坂　見たいですかぁ？

南　いや。

―　早く、千成へ。

坂　地蔵通り商店街の端、庚申塚から大塚方向へ行ったところには「天平食堂」って、いい食堂があるんですけどね。

―　ここが「千成」かぁ。いいたたずまいの店だなぁ。

――店員さん　何人ですか？　四人？　二階でいいですか？　狭いですけど。

坂　はーい。一階が、雰囲気あっていいんだけど。やっぱり。もう混んじゃった。

— 天井からひょうたんが下がってる。さすが「千成」。それにしても、混んでるなぁ。入れてよかった。

坂 飲み物は？ 僕は生ビールかな。

南 いいすね〜！

— 私は日本酒の小徳利。

坂 いやぁ、今日はダメだね。マジメすぎ。

— 歩きすぎ、働きすぎ。ブラック企業並みです。こんなに遅い時間から飲み始めるの、初めてじゃないですか？

南 けしからん！ といっても、まだ六時前だけど……。

——店員さん お飲み物、お待ちどうさまでーす。

坂 では。

一同 カンパーイ！

— 簾《すだれ》の前のお二人、絵になるなぁ。ちょっと写真を撮らせてください
……フフフ、アヤシイ二人。あの目は何か企んでいる。二人で共謀して

いる。

坂　共謀罪、あれはひどかったね。なにかするときはちゃんと共に打ち合わせて、協力しなけりゃいけないのに、なんで罪？

南　なんで、ああ急ぐかね。特急・エクスプレス採決。

ー　この散歩で政治の話が出たのも、初めてですよ、きっと。

坂　人間、酒の席でマジに政治の話をし始めたらオシマイです。それぐらい、歩き疲れちゃったのかな。

南　ぼく、さっきから、あのメニューの「吉乃川」が、「エロ乃川」に見えてるんだけど。

坂　ぼくも辛口が「立エロ」に見える。もうダメだね、今日は。おいしいもの食べてちょっとゆっくりしたら、河岸《かし》を変えてまた飲みなおさないとね。

Part. 8

修学旅行気分で日光へ

東京近郊の学校で学んだ生徒にとって修学旅行といえば日光という思い出がある人は多いのでは。でも学校の修学旅行ではお酒も飲めないし、湯波《ゆば》を食べたって美味しくはなかろう。また同じ東照宮を参詣しても、修学旅行と〝大人の修学旅行〟では見る目がちがう。あまりにも有名なセリフだが「日光を見ずして結構というなかれ」。そうだ日光へ行こう!

見えない敵との闘い

――車内アナウンス　本日は、東武鉄道をご利用いただきまして、まことにありがとうございます。

――今回は、日光まで足を延ばしたいと思います。お天気がちょっと心配ですけど、午後に向かって回復するって予報でした。

坂　熱海に続いて、今日も個室ですか。うれしいなぁ。東武って始発の松屋の駅、浅草を出るとすぐに隅田川を渡るんだけど、そのとき、ゆっくりゆっくり進む、あの光景がいいんだよね。

――アナウンス　左手に東京スカイツリーが見えてきます。東京スカイツリーは、高さ六百三十四メートルの電波塔です。

南　この放送、ちょっとうるさいねぇ。

坂　ほんと。余計なこと、言わなくていいのに。

――アナウンス　For your information...

南　英語も言う。

ー　さらに中国語、その後は韓国語。親切とはいえ、この音量だけは、なんとかしてほしいですね。入り口のドアを閉めてみましょうか。

南　お？

——アナウンス　この電車は十一時三十分発、特急きぬ一一九号、鬼怒川温泉行きです。

ー　一瞬、途切れただけか。

南　あ、あんなとこに古本屋さん。

坂　業平橋駅前の小さな書店ね。あの古本屋さん、昔からある。

ー　ここ、こそ、旧業平橋駅ですよね。

坂　いい名前だったのに、もったいない。

南　「たばこと塩の博物館」*がこっちのほうに移ってきて、いま和田誠さん*の展覧会をやってるんで、よかったら。

坂　そうなんだ。少し前にやった隅田川関連の浮世絵展も、よかったなぁ。渋谷にあったころは、たばこカード*って、世界中にコレクターがいるノベルティの展示なんかもあって。

たばこと塩の博物館▼もと渋谷公園通り沿いにあったのが、二〇一五年、墨田区横川の日本たばこ産業の倉庫をリニューアルして開館。たばこや塩の文化関連を中心にコレクション、常設店のほか、随時、企画展を催している。

和田誠▼一九三六（昭和一一）年、大阪市生まれ。戦後日本を代表するイラストレーター、デザイナー、エッセイスト。一九五九年、広告制作プロダクション、ライトパブリシティに就職。新発売の「ハイライト」のパッケージデザインのコンペで入賞。フリーになった後、「週刊文春」の表紙が人気を博する。映画ファンであり、自らも監督となり『麻雀放浪記』『怪盗ルビィ』も制作。二作ともキネマ旬報ベストテンに入る。

タバコカード▼今日、単に「タバコカード」というと未成年の購入を禁止するためのタバコ購入のためのカー

南　マッチラベルとかも、けっこういいコレクションがあんだよね。たばこと塩の博物館だけあって、喫煙所がむちゃくちゃ立派で……。

――アナウンス　間もなく、北千住に到着します。

―　なんとかならないかなぁ、これ。

坂　ゆっくり眠っていこうと思っている人だっているのにね。

南　スピーカーどこにあるの？

坂　椅子の上にある荷物置き場の、箱みたいなのがそれっぽいから、そこに何か置いちゃえば？

南　じゃ、こうして……ちょっと、しゃべってみ？

――アナウンス　……。

南　スピーカーのやつ、荷物置かれて、すっかりムッとしちゃったネ。

―　あれ？　まだ大きい。

南　こりゃあスピーカー、ほかにもあるね。

南　あー、ここだ。窓の上の、この隙間。入り口んとこと、ステレオになってる。何か詰めよう。

ドを思われるだろうが、こちらは、一九世紀から欧米で流行しはじめた、コレクターズアイテムのアンティーク「シガレット・カード」。とくに有名なのがデューク社とウィルス社のタバコカードで、この美しく印刷されたカードのシリーズが欲しくてタバコを買う人も増えたほど。テーマは「世界の美女」「世界の帆船」「美しい花」など。日本でも明治期、京都の村井兄妹商会がシガレットの箱の中に輸入たばこカードを入れて人気となった。

坂　どう？

――アナウンス　……東武車内販売より、ご案内いたします……。

―　おお、全然違う！　はぁ、これで旅が一気に快適になりました。

坂　あれ、こんなもの持ってるけど、どうします？　ここにくる途中で、ちょっと仕入れておいたんだけど。

―　わぁ、サラミにチーズとピーナッツ♪

南　いいねぇ、坂崎さんはいつもチョイスが。

―　スピーカー対策のひと仕事終えたってことで、乾杯したいと思っていたところです。わ、ビールも日本酒まである！「日光旅物語」かぁ、いいなぁ。ありがとうございます！

一同　かんぱーい！

―　日光というと、私なんかは修学旅行というイメージがあるんですが、みなさんはどうですか？

南　小学校六年生くらいのときに、来たね。天皇陛下が使ったトイレを見た覚えがある。広い畳の座敷の真ん中に、「え、こんなとこで？」って感じで、木製の便器がある。

― 半可通、シゲモリ翁の修学旅行も、日光だったんですか？

坂 ぼく、子供のころから集団行動がダメで、学校の旅行でどっか行くってときに、集合の駅までは行ったんだけど、「気持ち悪いんで」って帰ってきちゃったことがあるんですよ。で、近所で遊んでた。あれがひょっとしたら、日光への修学旅行だったのかも。

南 日光なら、当然、東照宮*に行きますね。眠り猫見たとき、どう思った？

― 「これ？」

南 「え〜」って思うよね。ぼくの場合、落語とか講談で、左甚五郎の話、さんざん聞いてるからね。名人、左甚五郎の作ったねずみが動くし、龍は飛んでっちゃうしさ。

― ああいう常識はずれの逸話を知ってたら、がっかりするのもムリはないかもしれません。

南 あれは、そうとうガッカリする。

東照宮▼江戸幕府初代将軍・徳川家康を神格化した東照大観現を祀る全国の東照宮総本社的存在。この豪華絢爛な宮内には左甚五郎作といわれる「眠り猫」や「見ざる、言わざる、聞かざる」の三猿が彫刻されている。

坂　そういや、やっぱり日光へ行ってない。眠り猫、見てないもん。

―　そうだ。この電車、鬼怒川温泉行きで、日光には停まらないので、次の下今市で乗り換えます。

南　昔オレが二宮金次郎だったとき、今市にはよく来たな。役人たちが言うこと聞かなくて往生した。

――アナウンス　間もなく、下今市に到着します。

南　「最近、シモがイマイチでね」。

坂　（笑）僕なんか、今でも月、シモ、フタケタですぞ。

南　高平哲郎さんみごとな白髪でさ、「髪、真っ白だね～」って言ったら「真っ白になるくらいアタマ使ってるから」って言うんだ。エッて思うじゃない。すぐ続けて「でも、下は真っ黒だよ。使ってないから」。

坂　うまい！　うまいなぁ～。

―　あ、ちょうど向かいに日光行きの電車が停まっています。

ぐるっと東照宮

― 東照宮、平日ですけど、観光客がけっこういますね。小学生くらいの子供も多い。

― あれこそ、修学旅行かな？

坂 いま、平成の大改修やってるんだよね。陽明門*は今年の三月に竣工したって話だったと思うけど。

南 オレ、左甚五郎になろうと思ったこともあるんだけど、左甚五郎の肖像画とかって、何も残ってないんだよ。しょうがないから眠り猫になった。

坂 ハハハ。甚五郎からイキナリ、猫。そういう着ぐるみ、あったの？

南 作った。で、眠り猫で、あの拝観券売り場のへんでウロウロしてたら、外人がどんどん集まって来てさ、一緒に写真撮られたりして、巫女《みこ》さんが来たから、いよいよ怒られるかなと思ったら「ダメじゃない、こんなところでうろうろしてちゃ」。

陽明門▼日光東照宮の拝殿の前に建つ楼門。十二本の柱のうち背面西から二本目の柱だけは逆柱《さかさばしら》となっていて、これは「魔除けの逆柱」と呼ばれている。

坂 おもしろ〜い。その巫女さん！　好きになっちゃった。

— えーっと、まず、これが表門。その奥が、下神庫、中神庫、上神庫かぁ。境内って、もともとこんなふうでしたっけ？

南 三猿って、神馬《しんめ》の厩のこんな正面だったたっけ？

— 心なしか、三猿の顔も前と違って見えるけど。あ、そこのお守りなんかを売っているところに、葵の紋の入った印籠がありますよ。

南 さすが、元祖・徳川家康を祀った神社。

坂 あ、「青春の蹉跌」*もある。

— 「幸運の蹄鉄」*！、馬蹄のお守りっ！　交通安全の！　それにしても、東照宮の建物って、どれもゴテゴテしていますね。

坂 装飾過剰だよね。でも、このエネルギッシュなのがいい。

— 陽明門の対極にあるってよく引き合いに出されるのが、桂離宮。

坂 でも、実は対極にあるってわけでもないんだよね。桂離宮は一見シンプルに見えるけど、天井板一つとっても全国から選りすぐりのものを集めて、手の込んだことをしてるらしい。考えようによっては、かなり

青春の蹉跌▼『四十六歳の抵抗』『充たされた生活』の作家、石川達三の小説。一九六八年の新聞小説がベストセラーに。これを映画化、ショーケン・萩原健一、桃井かおりが主演、話題に。

幸運の蹄鉄▼日光東照宮の「御鎮座四百年記念」として売り出された「御神馬《ごしんめ》」「流鏑馬《やぶさめ》」の蹄鉄のレプリカ。交通安全と幸せが「駆け込む」、「うまくゆく」という縁起グッズ。

グロテスク、ていうか、日本のマニエリスムともいえる。あっさり見えて、実はギンギンに意匠を凝らしているという。

南 ♬へえー～　ギンギラギンにさりげなく。

坂 そいつが桂《かつら》のやり方～♪　みたいな。マッチかよ！　いづれにせよ、ここも桂離宮もトゥ・マッチ（翁、ひとりで苦笑）なところがあるんですな。これは、大きな燭台？　足がイルカみたい。湯島聖堂や築地本願寺なんかを設計した伊東忠太*的な感じがするね。

南 不思議だよね。中華風でもない。もちろん和風じゃない。この中に一本、逆さになってる柱があるってんだよね。ガイドさんが、もう必ず言うの。

坂 魔よけの「逆柱《さかさばしら》」というやつでしょ。でも、なんかあとからもう一、二本かな、他にも見つかったみたいよ。しかし、こうやって近くで見ると、彫刻がすごいねぇ。

— あちらが、眠り猫になります。うわ、さすがに人だかりがしている。う～ん、これまた顔が記憶と違う。

伊東忠太▼一八六七（慶応三）年～一九五四（昭和二九）年、山形県米沢市出身。建築家、建築史家。現・東京大学で建築学を学んだ後、明治三五年中国、インド、トルコに留学。帰国後、東京帝大教授。主な作品に「築地本願寺」「震災祈念堂」「靖国神社遊就館」など。

坂　三毛の色合いも、なんだか違うような。

南　う〜、たしかにちょっと違うね。家康のお墓、この奥だよね。

―　墓所までは、石段が二百段あるとか、ないとか。

坂　やめましょう。写真で見ましょう。戻りましょう。体によくない。

南　そのお墓ってのが、さっきの燭台みたいで、和風でもないし、中国風でもないし。

坂　インドでもない？

南　インド……でもないみたいな。

―　でも、東照宮の彫刻って、どこかヒンズー教っぽいとこありますよね。

南　とにかく海の向こうから入ってきたものを全部取り入れて、いちばん派手にしたんだろうね。

坂　そうやって人を驚かそうっていうのは、権威を示すためにはかなり重要なポイントですからね。建築でも、一見地味な庭園でも。まずは驚かす。「ドーダ！」の美学なんですね。

南　ヨーロッパにも、舌出してる怪物の彫刻とか、あるよね。

坂　グロテスクな、魔よけとかでも、そういうのあるね。陽明門の獅子、あれ何匹いるかわかります？

――相当いますよね。一、二、三……。

坂　答えは十六。

――え、もう数えたんですか？

南　アハハ、九九ですね。四・四。

――……マジメに数えようとした自分を、いま責めています。

坂　よく、戒めてね。

南　坂崎さんは、冗談しか言わないからね。

――そこの唐門の柱には、寄木細工の昇竜・降龍が。

南　「夜を守護する恙《つつが》という霊獣」って書いてるけど、それはどこ？

――屋根の上みたいです。

坂　恙《つつが》なし、は、無事であるという意味の「恙ない」と同じ字ですね。ツツガムシってダニみたいのが媒介する疫病があって、それがなくなって「恙ない」という言葉が生まれたって説があるみたいですよ。ま、陽明門の方はケモノだけど。

―……。

南 いまのは、冗談じゃなかったね。医学的にホントの話です。

― 人間不信になりそうです。

南 鳴き龍は、どこだっけ？

― あっちの本地堂ってとこみたいですよ。

坂 リュー〜、りゅー〜！　とかって鳴くの？

南 あるいはピロロンロンロンみたいな……。

坂 秋の日のピロロン（ピ龍々《ロロン》）のためいきの身にしみて……。

― そこで、よく上田敏*の海潮音が出てきますね。ヴェルレエヌですよね。もちろん「ピロロン」じゃなくて、「ヴィオロン」だけど。

坂 ちょっと天気があやしいね。雨が落ちてこないうちに、門前町へ向かいますか。

― この先の二荒山神社のすぐ下から西参道が延びているので、そこを

上田敏▼一八七四（明治七）年〜一九一六（大正五）年。明治三八年刊行の訳詩集『海潮音』が当時の文芸界の話題。「秋の日の―」の詩はポール・ヴェルレーヌの『落葉』の一節。

通って行きましょう。

坂　二荒山神社へのこの道、並んだ石灯籠がいい風情だなぁ。ここにあるのは、春日灯籠って様式の石灯籠じゃないかな。上野の東照宮にも、同じようなのがズラーッとありましたよ。

—　灯籠の足元に、小石が積んである。

坂　どっちかっていうと、ツンデル*系なの。

南　今度ツンデル系があったら、ダーッと崩そうか。

—　賽の河原の鬼だ。そこの楼門の下に、大黒様の像がある。麻掛け大黒様ですって。

——小学生男子A　ねぇ、これ触っていいの？

——小学生男子B　いいのかなぁ。

南　あ、いいですよ。ここ触ってください。

——小学生男子C　金運アップだ！

南　アハハ、大人だねぇ。

—　大黒様の股間に誘導するなんて、さすがです。世界遺産「日光の社

ツンデル▼ツンデレは最近の流行語。ふだんはツンツンしているのに、なにかのきっかけや、特定の人物には一変、デレデレする女子のキャラクター。もともとは「ギャルゲー（ギャルゲーム）に出てくるキャラクターだが、一般社会の中でも用いられるようになった。一時の沢尻エリカのイメージか。

寺」の一つとして登録されているだけあって、二荒山神社のほうにも、けっこう人が来ていますね。

― うわ、あの舞台の上の大黒様！

南 でっかいね。

坂 両脇のねずみも、でかい。本当にねずみ？

南 カピバラ*ですね。

坂 あれ、降ってきた？

― 急ぎましょう。あ、ゆるキャラ発見。結び姫と、杉なら君。「良い縁坂」ともいわれる西参道にちなんだキャラっぽいですね。あの右手に見えてきたお店、あそこが本日初の本家です。

南 「本家やまびこ」。全然静かだけど。

坂 やってないのかな。すみませーん。ヤッホー！やまびこが返ってこない……。

― 人の気配はするけど、食事処だから、お昼の営業時間はもう終わっちゃってるのかな。

カピバラ▼和名・「オニテングネズミ」。ネズミなどの齧歯類では最大の種でアマゾン流域の水辺に生息する。個人での飼育に規制はないのでペットとしても飼われて、一部で野生化。

南　西参道もそうだったけど、この先ずっと下りみたいですね。ありがたい。

—　「やまきや食堂」に、「いずみや」……さっきは「つたや」ってレストランもあったし、どうもこのへんはひらがなの名前のお店が多い気がします。そこのホテルは、「いろは」ですって。

南　「鶴亀大吉」。

—　めでたい名前の旅館だなぁ。お、右手に大谷川が見えてきましたよ。

坂　いや〜、きれい！　あの川岸なんて、涼しくて気持ちよさそう。あれ？　対岸の木の間から見える建物、ひょっとして「金谷ホテル」？あそこで、ちょっと休憩しませんか？

南　いいね〜。休憩、好きだなー。

元祖・元祖・元祖

― 「金谷ホテル」、風格ありましたね。

坂 お茶した本館はログハウス風で、元祖リゾートホテルって感じ。瓦屋根の別館、あそこは一度泊まってみたいなぁ。

南 泊まったことありますよ。オレが昔、眠り猫だったとき。わかんねぇだろうなぁ。

― 本館の中にも、眠り猫いましたよね。

坂 いた、いた。東照宮風の彫刻が、けっこうあったからね。ホテルのマークが創業者である金谷家の家紋だっていうのは、初めて知ったなぁ。それも、笹竜胆《ささりんどう》。珍しいよね。

南 笹竜胆の歌、せーの。

― ??

南 ササリン、ササリン。

坂 ササリン、カナヤ〜♪ それは「カリンカ」*でしょ！

― ありがとう、ロシア民謡の。これでもう、笹竜胆のことは一生忘れません。

カリンカ▼ガマズミという小さな赤い実のなる木の花の愛称で「ガマズミちゃん」といったニュアンス。この、日本でも、ロシア民謡として知られ、愛唱されてきた歌。しかし、じつはロシアの古くからの民謡ではなく、一八六〇年、ロシアの作曲家ラリオーノフによって作詞、作曲されたもの。

南　名物百年カレー、案外、うまかったでしょ。

坂　なんでも、大正時代のレシピを再現しているそうですよ。おいしい料理でカンパイもしたし、今日はもう、これで終わりでいいと思うけど……。

――まだ、元祖のお店を全然見てないでしょ！　駅に向かう道すがら、けっこうあるみたいですから、のんびり行きましょうよ。

坂　はーい。あ、そこでも、レトルトの百年カレーが買えますよ。

――お土産に、いいですね。

南　この建物、時代がかってるなぁ。

――日光物産商会といって、金谷ホテルのお土産屋として明治時代に創業した店だそうですよ。

坂　この電話ボックス、珍しい形だね。

南　ロープウェーのゴンドラじゃないの？

坂　あ、そうっぽい。レトロで、いいね。

南　あぶらげん。

ー　？ ああ、向かいの店ですか。「油源」。

坂　「郷土料理」「地場野菜」「湯波」だって。せっかく日光まで来たから、湯葉はどっかで食べたいね。

ー　食べたい。湯葉で一杯やりたい。に、しても、このへん、日光彫の店がちらほらありますね。

坂　背中に眠り猫とか彫る、あれでしょ？

南　おうおう背中の眠り猫が、目に入らねぇか！ ＊

坂　♬背中《せな》でないてーるミケ猫ミャーちゃーん♪

ー　迫力ないなぁ。

南　山椒の若葉煮だって。

坂　え、おいしそう。でも、このお土産屋さん、やってる？ 暗いけど。ドアは開くね。すみませーん。

南　あ、お店の人、電話中ですね。

――おかみさん　ええ、ええ、領収書は書きましたので……それで、私、言われちゃったんですよ……。

＊背中の眠り猫▼もちろん、高倉健が歌う「義理と人情を秤《はかり》にかけりゃ」の『唐獅子牡丹』の歌の「背中で泣いてる唐獅子牡丹」のパロディ。

南　お取り込み中ですね。

——おかみさん　じゃ、さっきのこと、よろしくお願いします。失礼いたしますガチャ。……あら～ごめんなさい。お待たせしました？

坂　いえ、全然。電気が消えちゃってたんですけど、若葉煮があるって書いてあったものですから。

——おかみさん　まぁ～、ありがとうございます。お味見、なさってみますか？

坂　はい、ぜひ。

——おかみさん　葉を摘む人も大変なんですよ、日光の山奥まで行くから。温かいところの山椒は、味がどうも……香りがぼけてしまうって。

坂　やっぱりピリッとしないとねぇ、山椒に生まれたからには。小つぶでも。

——おかみさん　ほっほっほ。さ、ぞうぞ。

坂　あ！

南　おいし〜！　これは、日本酒だ。ごはんも、進みそう。

一同　これ、ください。

――おかみさん　開封したら、タッパーに入れて保存は冷凍庫に入れてくださいね。そのほうが、辛みと香りが飛ばないですから。

坂　わかりました、ありがとうございました。

南　電話が終わるの、待ってよかったね。山椒の若葉煮も、元祖とか本家とか言っときゃいいのにね。

―　あ、通りの向こうに、小さく元祖と入った店があります。でも、閉まっている。まだ、五時過ぎなのに。

坂　平日は観光客も少ないから、早く閉まるのかも。いちおう、行ってみましょう。

南　「元祖・日昇堂」。

坂　和菓子屋さんだ。「日光はじまり羊羹」は、数量限定だって。日光って、羊羹のお店がけっこう多いよね。そこの「ひしや」も、そうみたい。ここらへんの店は、本当にひらがな好きだね。庇の上の彫刻が、また素晴らしい。このへんは、町並みもいいなぁ。

南　あれは、本家？

―　「三ツ山羊羹本舗」ですね。そっちも、「吉田屋羊羹本舗」。惜しい。

南　「鬼平の羊羹本舗」……おにへい？

―　たしか別の読み方です。何だったかな？

坂　きへい？

南　おにだいら、いちはちじゅうの、もーくもく。

坂　ひとつとやっつでとっきっき。

―　それは、落語の「平林」。*平林の書き順を、こう覚える。ああ、たしか「きびら」です。お、新たな元祖が、あそこに見えてきましたよ。

南　「元祖・志そまきとうがらし」、落合商店。

坂　へえぇ。あのー、これってどう違うんですか？
　――店主　こっちが定番の中辛。こっちは、もっと辛いの。

坂　中辛にしとこうかな。

平林▼落語の演目『たいらばやし』。丁稚《でっち》の定吉が医師の平林《ひらばやし》邸にたずねるとき、忘れないため、行き先の名を唱える。「平林」の文字を解体してリズミカルに歌うところがみそ。つまり、一、八、十の木、木、一つと八つで十（とっ）木（き）、木（き）――という、わかりやすい滑稽噺。「前座噺」の一つで真打ちが高座にかけることはめったにない。

南　僕も。

坂　その、注連縄《しめなわ》つけたヘビ、すごいですね〜。

——店主　もともと、自然に生えてた藤だったんですけどね。大正のころに作られたものです。

——写真、撮ってもいいですか？

——店主　どうぞ。お金持ちになれるといいですね。

——ヘビは、金運にまつわる縁起のいい生きものっていいますもんね。

——店主　そのときは、またお願いします。

——はい、大富豪になって、また来ます。

坂　大きく出たなぁ。お、また元祖。元祖・日光酒まんじゅうの湯沢屋。閉まってるけど。

——その先も、また元祖。「元祖・日光湯波*　海老屋」。店内の、元祖と入った木の看板が、なかなか立派。老舗っぽいですね。

坂　本当は湯葉を買いたいんだけど、料理のこと考えると、ついね。あ、でも落雁がある。僕、これください。

日光湯波▼日光では主に「湯波」、京都では「湯葉」とも。豆乳を過熱したとき、上層面にできる薄皮。そのまま（生湯波）わさび正油で食べたり（湯波の刺身）、乾燥したものをもどして吸い物の具や、油で揚げて酒の肴にしたりする。もともとは精進料理で禅僧が食すものだったという。

坂　——店主　うちで作ってるんじゃないんですけどね。

坂　そうなの？　何か、悪いなぁ。

　——店主　いえいえ。

南　箱がいいね。これ、僕もください。

坂　こちらは、いつごろから？

　——店主　明治五年です。

坂　そうですか。どうも〜。

—　なんと、向かいも元祖です。「元祖・湯波寿司　寿司秀」。

坂　ここらへん、元祖がずいぶん固まってるね。

—　あっちにも、まだありますよ。「元祖・ゆば料理の恵比寿屋」。またまた、閉まってますが。

坂　通りの向こうに、今度は「元祖・練り羊羹の綿屋半兵衛」、「綿半」ですって。創業天明七年。ただ、やっぱり閉まってる。この調子だと、湯葉で一杯もできないんじゃ……。

坂　何か、あるでしょ。

ー　あっ、あそこ。元祖・ゆばそばって書いてある！　……けど、やってない。

南　あれは？

ー　元祖じゃなくて、ガストです！

南　このへん、御幸町《ごこうまち》っていうんだ。街灯に書いてある。

――通りがかりのおじいさん　御幸町っていうのは、ここと京都にしかないんだよ。

南　あ、そうなんですか。

――おじいさん　同じ字で「みゆきちょう」とかは、あるけどね。

南　さっき買った落雁がね。

坂　「御幸落雁《らくがん》*」だったよね。

――おじいさん　家康の懐刀だった天海大僧正が、家康の棺を久能山からこちらに遷されて日光東照宮を作るにあたって、職人なんかが集まってここらへんが栄えたんです。御幸町と名付けたのも、天海上人なんですよ。じゃ、どうも。

御幸落雁▼お茶受けやお供えものなどとして添えられる干菓子。澱粉の粉に砂糖や水飴をまぜて着色し木型に押して乾燥させた菓子。また、日本の三名菓は、すべてこの落雁といわれ、石川県金沢市・「森八」の「長生殿」、新潟県長岡市・「越乃雪本舗大和屋」の「越の雪」、島根県松江市・「風流堂」の「山川」とされている。

一同　ありがとうございました。
南　いい感じで、すっと入ってきたね、おじいさん。
――　わ、ずいぶん立派なお家に帰って行きましたよ。
坂　なんなら、ちょっと寄って、ビールでもご馳走してもらって。「お母さん、お客さんだよー。ちょっとしたつまみくらいあるでしょう?」
南　「なんでもいいんですよ、湯葉とか」
――　ああ、そろそろ完全に日が暮れる。日光の夜が、こんなに早いなんて思わなかったなぁ。
坂　だから日の光を大切にしたかぁ。「あら尊《とうと》青葉若葉の日の光」ってね。
――　湯葉で一杯が、諦めきれない……。
南　まぁ、せっかく日光まで来たんだから、もうちょっとフラフラ探して帰りましょう。日光を見ずして結構、と言うなかれ、と。

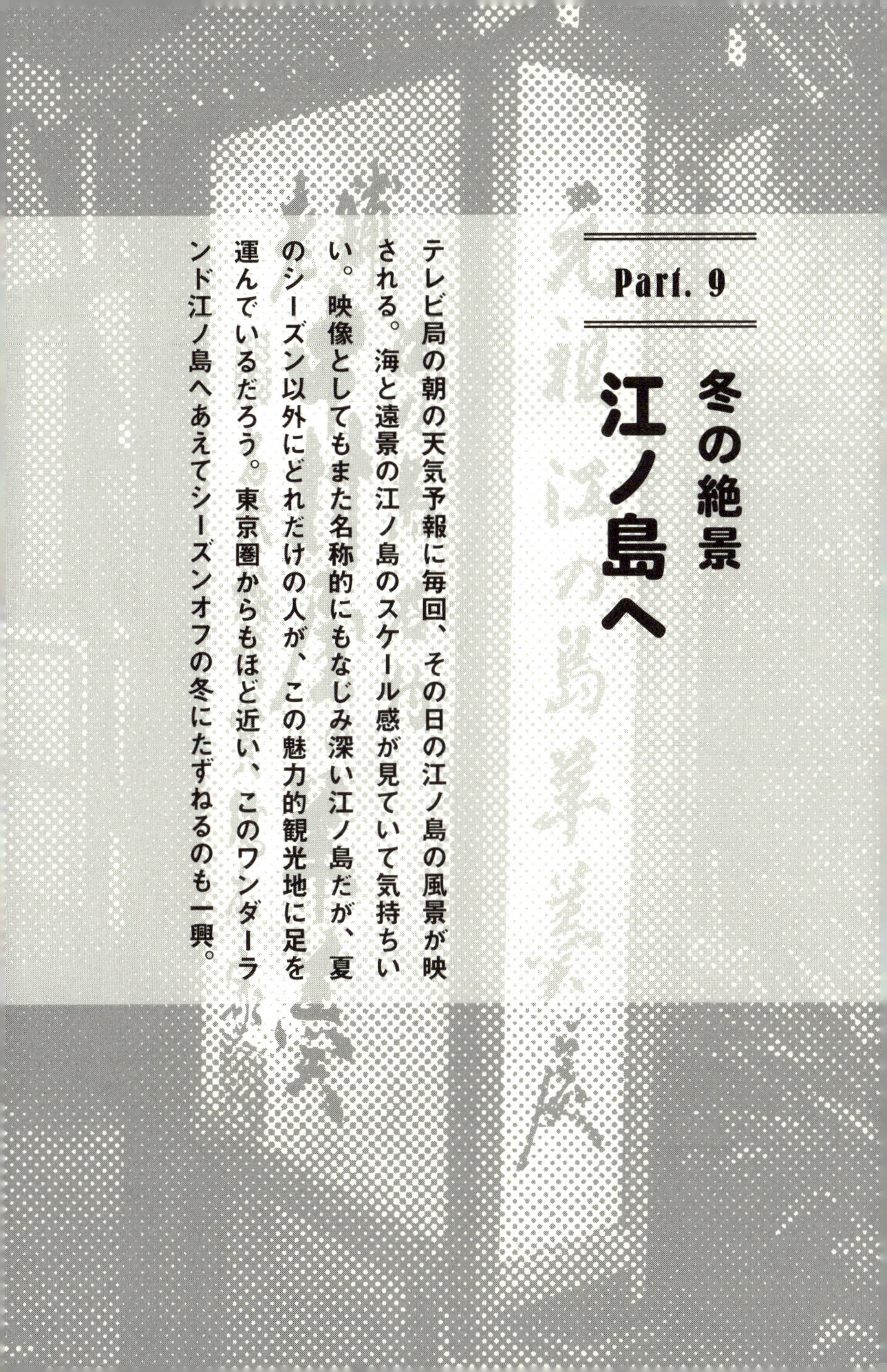

Part. 9

冬の絶景
江ノ島へ

テレビ局の朝の天気予報に毎回、その日の江ノ島の風景が映される。海と遠景の江ノ島のスケール感が見ていて気持ちいい。映像としてもまた名称的にもなじみ深い江ノ島だが、夏のシーズン以外にどれだけの人が、この魅力的観光地に足を運んでいるだろう。東京圏からもほど近い、このワンダーランド江ノ島へあえてシーズンオフの冬にたずねるのも一興。

あの猫に出会った場所

坂　やっぱり江ノ島は、この時期、冬ですよね。

―　また、いきなり。

坂　夏に行く人の気持ちがわからない。よく言うじゃない、「秋の宮島、*冬の江ノ島」って。

―　何か大きな勘違いをしている気がします。東海道線はっしゃー！　これから江ノ島へ向かいます。江ノ島に元祖や本家って、何があるんですかね。

坂　ま、行ってのお楽しみです。

南　電車が動きだすとちょっとのどが渇いてきた。

坂　のど飴あるけど。

南　痛いんじゃないの、渇いたんだから（笑）。いいものが目の前にある。

坂　はいはい、もう、いきなりビールね。では、かんぱーい。

秋の宮島▼もちろん正しくは「安芸《あき》の宮島」。広島湾に浮かぶ「厳島《いつくしま》」を通称、宮島と呼ぶ。この宮島は「松島」「天橋立」と並び「日本三景」の一つとされている。海上の朱の大鳥居と厳島神社の光景は絵画や観光写真でおなじみ。

一同　かんぱーい。

―　昼間の東海道線、ビジネスモード。いつもより、ちょっと小声になっちゃいますね。雰囲気がマジメすぎます。席を向かい合わせにして飲んでるのなんて、われわれだけですもん。

南　こうすると、背面にテーブルが回っちゃうのが欠点だね。これ、向かい合わせにするなってことかね。

坂　窓際のデッパリも細い。ここにも何も置くなと。

―　ビールも置くな！

南　つまみも置くな！　ホタテは別。

坂　袋が長細くて、置きやすいからね。

南　江ノ島で昔、猫に通信機かなんかつけて、なんかした事件があったじゃない。

―　猫の首輪に取りつけたＳＤカードを使って、第三者が犯行予告を出しているように見せかけたとかいうパソコン遠隔操作事件*ですよね、たしか江ノ島には猫が多く「猫の聖地」っていわれてますけど、まさか

パソコン遠隔操作事件▼二〇一二年、江の島の地域猫の首輪に、テロ関連の情報のＳＤカードが装着された。この事件は、全く関係のない複数の他人のパソコンに侵入し、しかも無差別大量殺人や航空機爆破、アイドルタレントの殺害などを次々と予告。実際に成田を離陸した航空機はアリューシャン列島付近で成田空港に引き返すという事態を招くほか、警備のために警察官などを動員配備させるという事件を引き起こした。これらの事件の容疑者がそれぞれ逮捕されるが、当人たちにとっては寝耳に水で容疑を否認するがそのうちの二名は犯行を自供してしまうという結果となる。事件は真犯人の意外な行動から足がつき解決を見るが、犯人の特異なキャラクターとＰ．Ｃ．を用いての、まったく新型の犯罪であるとして「サイコパス」「サイバーテロ犯罪」という言葉が世に知られるようになった。

そんなふうに使われてしまうとは。
南　あの猫に出会ったんです、江ノ島で。
坂　写真に撮ったの？
南　たぶん撮った。犯人にもなったしね。
坂　え、もしか真犯人？　で、猫の本人にはなったの？
南　猫には、なってない。
―　動物だと、パンダにはなっていましたよね。
南　アザラシのタマちゃんもなりました。
―　あまりに世間がタマちゃん、タマちゃんと騒ぐから。
南　ええ、みなさん、ほっといてください。ってパンダのときも……。
――車内アナウンス　次は、藤沢です。
―　あ、降ります。
坂　藤沢からは、どうするんですか？
―　江ノ電*と小田急と、どちらに乗り換えても江ノ島まで行けるんですが、今日は江ノ電で行こうと思います。

江ノ電▼湘南の海岸沿いを藤沢―鎌倉を運行する鉄道。単線で、名称・旧跡をたどるローカル感のある鉄道として利用者に人気がある。

坂　藤沢から江ノ電って、最近はあんまりなかったかも。だいたい鎌倉から乗ってたから。

貝最中からシラスまで

―　江ノ電、いつ乗ってもいいなぁ～。車両の色や形がレトロで。駅舎の感じも、落ち着いたところが多いですね。

南　江ノ島って、竜宮城みたいな駅じゃなかった？

―　それ、小田急の片瀬江ノ島駅のほうです。さ、ここから江ノ島弁天橋を渡っていきますよ。

坂　いやぁ、今日は散歩日和だなぁ。天気がよくて暖かくて……って言おうとした矢先に強風が！　さ、さ、寒い！

南　陸地から離れたとたん、いきなり来たね。うわ、波も高いよ。東映のチャンバラ映画みたい*

―　サーファーが波乗りしてますよ。こんなに寒いのに、信じられな

*東映のチャンバラ映画▼ご存知のように東映映画のオープニングは岩に荒波がドードンと寄せる映像。

い。

坂　サーファーは風の子だい！　いや、波の子か。でも、ほら、右手には富士山！

―　富士山の手前には丹沢も見える。橋の右手が伊豆、左手が三浦半島って感じですかね。ふぅ、島が近づいたら、風もやや収まりました。

南　正面の鳥居、あの色は青銅かな？

―　そうみたいですね。その先にいろんなお店が並んでいて、元祖もあるはずです。

南　へぇ、お土産屋さんに旅館、磯料理に干物屋……しゃれた雑貨屋さんやカフェもある。ここは、「井上総本舗」かぁ。総本家じゃないのが残念。

坂　あれ、でもここ、元祖じゃない。暖簾に、ほら。

南　「元祖・江の島貝最中」、アイス最中、女夫饅頭。

―　女夫と書いて「めおと」と読ませるの、珍しいですね。

坂　貝最中って、まさに貝の形なんだ。かわいいね。これで貝合わせ*

貝合わせ▼平安時代の貴族のあいだで始まった典雅な遊戯。ハマグリなどの貝の内側に絵などが描かれ、それに因む和歌などを詠んで競い合った。貝合わせの貝の意匠は、今日でも老舗の和菓子屋の容器やディスプレイとして、よく置かれている。また、風俗的秘語としては性技を表現する一つとし用いられることがある。

しよーっと。これ、ください。

南　お、そこは江の島だんごの店か。

－　和菓子の店ですね。しかも、元祖ですよ。「元祖・紀ノ國屋」。ここにも女夫饅頭と貝最中があります。

南　この貝の最中、気に入ったなぁ。

坂　ここの貝最中、さっきのお店と、貝の形がまた違う。これもほしい！

南　ぼくも、これください。

——店員さん　ありがとうございます。いま、お包みしますね。

－　へぇ、こちらは寛政元年創業なんだそうですよ。

坂　松平定信のころですね。

——店員さん　そう、です、かねぇ？

－　すぐそこの「ハルミ食堂」にも、元祖があるんですよ。メニューをよーく見てみてください。

坂　生シラス丼、二色シラス丼、生シラス入り海鮮丼……あ、これだ！

元祖・江ノ島丼。

― ちょっと体が冷えたから、ここで温まっていきますか。

坂 そうしましょう！

― 燗酒を！

坂 あと、釜揚げシラスと生シラス一つずつ。それと、はんぺん焼き。それと、ハマグリ四つ。

南 いいね〜、今日もチョイスが。お姉さん、江ノ島丼って、どんなんですか？

――店員さん　サザエとシラスと玉ねぎの卵とじが乗った丼です。あら、同じおちょこが四人分ないみたい。バラバラでもいいですか？

坂 湯呑でもジョッキでも、バケツでも、何でもいいです。

――店員さん　はい、熱燗。それに生シラスと釜揚げです。お醤油と、お好みで三杯酢をかけてください。

南 三杯酢*ってなんだっけ？

――店員さん　甘酸っぱいお酢です。奥様とかは、たぶんご存知だ

三杯酢▼酢、正油、砂糖をそれぞれ大さじ三、一、二の割合で合わせたもの。これに出汁を加えることもある。ワカメ、キュウリの酢の物、もずくの酢の物などでおなじみ。ちなみに二杯酢は甘味を必要としないスッキリとした味のときは酢と正油、1、1で混ぜあわせる。

と思うんですけど。

ー ホホホ。じゃ、いただきまーす。

坂 はー、冷えた体にはやっぱり日本酒だぁ。

南 シラスをちょいと。あ、うまいね。

坂 お酒に合うね。

――店員さん はい、はんぺんとハマグリです。

坂 色が濃くて、静岡の黒はんぺん*って感じだね。

南 ハマグリ、これは絶対、熱いうちがいい。

坂 僕、学生時代に、ここのヨットハーバーでバイトやってました。

坂 学生時代は、夏休みになると一ヵ月くらい、泊まり込みで賄い付きのバイトしてたの。真鶴で二年《ふたなつ》、ここのヨットハーバーで一カ月、箱根の芦ノ湖で一カ月だったかな。

南 国鉄で、ラッシュアワーのお客さん電車に押し込む係もしてたとか。

坂 尻押し*、ね。それは、新小岩で。制服と旗と帽子を貸してくれる

静岡の黒はんぺん▼鯵、鰯、鯖などを原料とするはんぺんだが静岡周辺では白色ではなく灰色のはんぺんが普通である。おでん種の定番の一つとしても、この黒はんぺんは用いられる。

尻押し▼別称「押し屋」。通勤時のラッシュアワーの時間帯に、駅員の他に、主に学生アルバイトを雇い、駅員と同じ制服、制帽で乗駅の乗車の手助けをする。「尻押し」といわれるが、実際に押すのは背中。

んだけど、一回、尻押ししてるときに、乗客に巻き込まれて、自分が電車に乗っちゃったことがあって。あれは、恥ずかしかった。なにしろ、駅員の、あのカッコだから。

南　業界用語で〝尻押し〟って言ってたの？

坂　そう言ってましたね。

元祖？　本家？

坂　ところで、これ、江ノ島の地図ね。いまのお店で人数分もらったから。

—　ありがとうございます。この道、弁財天仲見世通りというんだ。この先にも、まだ元祖とか本家があるんですか？

坂　島の、もうちょっと奥の方にあるはず。

—　わ、行列してますよ、そこ。たこせんべいですって。

南　たこせんべいは、元祖じゃないの？

— 江ノ島ではいろんなところで売っているんですが、元祖も本家もないみたいです。

坂 その階段の上の門、黄檗宗の廟みたい？

— 地図には瑞心門《ずいしんもん》＊とあります。

南 竜宮城みたいな感じもする。

坂 ああ、そのイメージはあるかも。門の向こうに龍の彫刻も見えるし。階段、ちょっとあるけど、頑張って上ってみる？

南 上ってみる？

坂 上ってみる？

南 上ってみる？

— はいはい、上らないのね。代わりといってはなんですが、エスカーに乗りましょう。エスカーは、国内初の屋外エスカレーターなんだそうですよ。

坂 屋外エスカレーターの本家ですな。

南 ここのエスカーって上りだけしかないんだね。レーターがない。

瑞心門▼一見、竜宮城のような江島神社の門。正面に金文字で「瑞心門」と書かれた額が掲げられている。似た言葉に「随身門《ずいじんもん》」があるが、こちらは神社の門の左右に神社を守る神を置いた門をいう。

坂　レーターは「後で」っていう意味でしょ。

—　チケットがいるみたいですよ。四人分ください。

——係の人　はい。エスカーは上りのみですので、帰りは徒歩になります。

南　あの、なんでエスカーって名前なんですか？

——係の人　まぁ、上りだけですから。

南　え？　やっぱり？　まさか本当だとは思わなかった。

——猫　ニャ〜。

—　エスカー、屋外といっても屋根や壁はあるんですね。はい、ここで乗り換えますよー。

坂　ああ、一本でいちばん上までは行かないのか。このへんは、神社の境内って感じだ。

—　えーっと、地図、地図……右手が江島神社の辺津宮《へつみや》。八角のお堂が奉安殿。その左が八坂神社だそうです。

坂　奉安殿には二つの弁財天が祀られてるんですよ。八臂《はっぴ》弁財天と、裸弁財天ともいわれる妙音弁財天。* 妙音弁財天は、日本三大弁財天のひとつなんだって。
― さっき渡った橋や商店街は、ここの弁財天から名前を取ってるんですね。わ、妙音弁財天は本当に裸。裸で琵琶を弾いてらっしゃる。
坂 そりゃ、そうでしょう。琵琶で裸を弾いたらヘンでしょ。
― （無視）この季節、寒そう～。でも、なかなか色っぽい。
南 ロウの小さい蛇が、いっぱい供えてある。
坂 蛇は弁天様のお使いでしょ。
― ここからは、またエスカーです。今度は、江島神社の中津宮。その先が、最後のエスカーです。けっこう上ってきましたね。
南 このへん、ヤシが植えてあったりして、なんだか南国チックだなぁ。
坂 そこにサムエル・コッキング苑* って植物園があるからじゃない？
南 コッキングって誰ですか？
坂 イギリス人の貿易商か何かで、昔、このへんにでっかい庭園を作っ

妙音弁財天▼江ノ島といえば日本三大弁財天のひとつ、色っぽい裸弁財天。その正式名が妙音弁財天。ちなみに、あとの二つは、滋賀県・竹生島神社弁財天と広島県・厳島の厳島神社弁財天といわれる。

サムエル・コッキング▼一八四五～一九一四年。横浜外国人居留地在住の英国人貿易商で雑貨、アンチック、薬品などを扱い利益を上げた。江ノ島の高台に五百坪を超える土地を購入、別荘を建てる。さらに別荘前の土地三千二百坪を買い取り、サムエル・コッキング庭園の造営に着手。現在は藤沢市立の有料庭園で園内に展望台など施設がある。なお園内の『LONCAFE』は日本初のフレンチトースト専門店。

てたらしい。
南　そこの仁王像、真っ赤。腰の布も派手ですねぇ。
－　江の島大師とあります。島中、神社やお寺だらけですね。
坂　わぁ、真正面に富士山。いい眺め！　しかし左側がすごいよ！
南　すごい崖！
　　――猫　ニャー！
－　また猫だ。このへんは、道も風情があっていいですね。
坂　昔の街道みたいだよね。そこの「江のまる」ってカフェは、いつもすごく混んでるの。
－　古い民家を使ったカフェみたいですね。
南　江の島ビールというのがありますね。そろそろ一休みしたいなぁ。
－　もう少し先に元祖がありますから。ほら、その階段を下った先に、湯気が出てるでしょう？
南　幟が出てる。江ノ島名物、「元祖・海苔羊羹」。創業明治三十五年。中村屋羊羹店。あれ、こっちの看板には「名誉総裁賞総本家」とも書いてある。

― 「名誉総裁賞」と「総本家」は切るんじゃないですか？　あ、でも、これはそう読めますね。

南　結局、元祖なんですか？　本家なんですか？

― うーん、名誉総裁賞を受賞した「元祖・海苔羊羹」の本家ってことでしょうか。ちょっとー半可通さん、店先の饅頭を蒸かす蒸気で暖を取るの、やめてください。

坂　だって、寒かったじゃない。蒸気の有効活用！　せっかくだから、お饅頭食べましょうよ。

― 白いほうがこしあんで、茶色がつぶあんですって。どっちがいいですか？

坂　♬白が食いたい〜、柔らかな白に〜♪ *

― 黛ジュンもびっくりですね。私も白で。

南　ぼくは、つぶあん。

― じゃ、つぶあんとこしあん、二つずつください。

白が食いたい〜、柔らかな白に〜▼
元歌の詞は「雲にのりたい、やわらかな雲に」。歌・黛ジュン、作詞・大石良蔵、作曲・鈴木邦彦による「雲にのりたい」。一九六九年リリースされたヒット曲。

——店員さん　はい、どうぞ。向かいの店もうちですから、そちらのベンチで食べていってください。

南　ほんのり温かくて、おいしいね。

坂　海苔羊羹は、お土産に買って帰ろう。

南　饅頭もいいけど、そろそろ別の温かいものが飲みたい気分です。

坂　わかってますって。この先に、いいスポットがあるんですよ。

—　すぐに行きましょう。（忙しいなぁ。）ごちそうさまでした。

南　む、また鳥居。これはコンクリかな。

—　江島神社の奥津宮《おくつのみや》*だそうで。いいスポット、まだですか？

——猫　ニャア。

南　もうちょっと先だってさ。

坂　「ニヤア」って、近いという意味じゃなかったの。

—　島のいちばん端っこに向かってるみたいな感じですけど。お、そこですか。

坂　そ！　ここですよぅ。すみませーん、四人です。

奥津宮▼相模湾を前にした、海を守る神様。拝殿の天井画の亀は「八方睨《にら》みの亀」と呼ばれ、どの方向から見ても、こちらが睨まれているように見える、といわれる。

――店員さん　空いてるお席にどうぞ〜。

――わー、ここもまた！

南　これはいいですね、これは絶景だ。

坂　「富士見亭」って名前にするくらいですから。

南　その窓の富士山のシール、いいねぇ。不思議な光の効果。

――店員さん　今日みたいに晴れている日はいいんですが、曇っている日は、この方角に富士山が見えるんですよってことで貼ってるんです。窓の外にも出られますよ。寒いですけど、よかったら。

――ひゃー、このベランダ、海の上に突き出しているみたい。

南　た、高い。あれ、下の岩場、板が渡してあるみたいだ。橋かな？

坂　夏はあそこまで降りる人が、けっこういるんですよ。

――店員さん　釣りや、観光の人がたくさんいましてね。

南　こちらの創業は？

――店員さん　明治時代で、私の兄で四代目です。

――もしや、江ノ島に住んでお店をやってらっしゃるんですか？

――店員さん　ええ。私は違いますけど、兄はこの奥に住んでます。

――住所が江ノ島なんて、なんかカッコイイですね。

坂　さぁ、何にしようかな。まず、熱燗。あと、のどが渇いたからビールも。あ、サザエがあるよ。サザエのつぼ焼きください。

南　サザエ、いいねぇ。いやぁ、ここはいいです坂崎さん。連れてきてもらって、よかった。

坂　ほめられると、うれしいなぁ。ここで飲んで、もう、帰ってもいいや。

――ちょ、ちょっと待ってください。これから、まだ行きたいところがあるんです。

坂　もう、ここで腰を落ち着けたい。サザエ、おいしいし。

――まぁ、そう言わずに。もうひと仕事。

もう、好きにしてくれ

— 店員さんに聞いたところ、羊羹屋さんのほうに近道があるらしいですよ。きれいな方だったから、ついほめたら教えてくれました。

——猫　ニャー。

— ああ、これじゃないですか？　それにしても、江ノ島って本当に猫が多い*ですね。

南　ここ、けっこう狭い道だけど、もしかして私道じゃ……。入っていいのかな。

坂　大丈夫。広くなってきた。へぇ、この道、初めて通るなぁ。

南　左手に、ちょこちょこ海が見える。いいねぇ、この道も。

— 下りで、歩くのが楽チンですし。ん？　フェンスに、南京錠がちょこちょこついてる。

坂　こうすると永遠の愛が叶うって、カップルに人気みたいですよ。奥津宮のさらに奥にあった龍恋の鐘ってほうがメッカらしいですけど。

江ノ島は猫が多い▼江ノ島の地域猫は人になついているので観光客にも可愛いがられている。人を怖れないので、そのために、先の「パソコン遠隔操作事件」のときでも、首の輪SDカードを着けられてしまったといわれている。

―　あ、これ、外れかけてる。なんですか、その笑みは。

坂　永遠の愛が外れかかってます。しかし、崖に生えた木が、いい枝ぶり。

南　あの伊豆半島、絵に描いたような風景だね。

―　ちょっと雲が出てきちゃいましたけど、もう少しすると、あの向こうに日が沈むんでしょうね。あれ、あの赤い鳥居って、瑞心門の前の鳥居じゃないですか？

坂　そうだ、そうだ。ちょうど、島をぐるっと一周してきたって感じだね。

南　これから、どうするの？

―　ちょっと、ついてきてください。

坂　……ちょっとと言いつつ、片瀬江ノ島駅から何駅か来ちゃいましたけど、ここ、湘南台ですよね。何があるの？

―　もうすぐですから……あ、あそこです。

南　元祖・鴨南ばん本家。ここも、元祖と本家が一緒になってる。

― そうなんですよ。さっきの海苔羊羹のお店みたいですよね。

――店員さん　いらっしゃいませ。

坂　冷えた体に鴨南蛮、いいじゃないですか～。その前に、ちょっとつまみますか。

― お、牡蠣の天ぷらですって。

坂　いいね。千住ねぎ*の天ぷらも、もらおう。あと、小松菜*のおひたし。なんか東京の下町のメニュー？

― 焼き海苔も。

坂　お酒は、ビールと日本酒と、両方もらっておきましょうか。

――店員さん　はい。最初に、こちらを。

― 蕎麦味噌だ！　ああ、早くお酒が。

南　看板に馬喰町*とありましたけど、こちらにはいつごろ移ってこられたんですか？

――店員さん　もう三十五年になります。

坂　えっ、やっぱり東京だったんだ！　じゃ、まずは乾杯ってことで。

千住ねぎ▼太ネギの加賀、葉ネギの九条と並び、千住ネギは根深ネギの代表的な品種。江戸時代、現・足立区千住の市場で出荷されていた。今日も千住の農家でわずかに栽培されているが主な生産地は埼玉県。

小松菜▼江戸時代、江戸川区小松川周辺で栽培され始めたアブラナ科の野菜。現在では東京各地の農家で生産されている他、全国の大都市近郊でも栽培、出荷されている。白菜とともに冬菜の代表。東京風の正月の雑煮といえば、主に、この小松菜が用いられる。

馬喰町▼東京都中央区日本橋地域最北端の町名。江戸時代は奥州街道の出発点にあり、馬を中心とする家畜の売買、世話などを業とする人々が住んでいた。ちなみに三國連太郎主演の『馬喰一代』は英題では「Life of a Horse-Trader」。

南　ここの蕎麦味噌、ちょっと甘めでおいしいよ。

ー　壁に貼ってある地図、ずいぶん古そうですね。

南　安政六年ってあるから、幕末のころの地図だ。ここが江戸城でしょ。

ー　その、付箋《ふせん》が貼ってあるところに、もともと店があったみたいですよ。

南　そんな昔から?! すごいね。

——店員さん　はい、お酒とおひたし、焼き海苔です。

坂　この焼き海苔をあぶる箱、粋なもんじゃないですか。下に炭が入ってね。ところで、板わさは頼んだ?

ー　まだですね。すみませーん、板わさもください。山口県のほうじゃ、東京なんかとは全然違うってくらい、かまぼこを厚く切るんだそうですよ。

坂　ふぐのてっさなんかも、あんまり薄くは切らないんじゃない? あっちのほうには肉厚で歯ごたえのあるものを楽しむ文化があるのかもしれない。

南　落語だと、一人立ちするのがやっとの薄い羊羹ってあるよね。となりによかかってんの。

坂　隣りの羊羹にしなだれかかって。柏木のり子の詩で「倚りかからず」ってのがあったじゃない。

―　柏木？　茨木のり子*じゃないですか？　柏木っていったら、坂本九の奥さん。

南　それは、柏木由紀子。

坂　え、何？　その鏑木なんちゃらの話。

南　鏑木清方が、よりかかった。

坂　くだらないこと言う人間が、元ネタの名前間違えるとか、オチを忘れるとか、サイテーだよね。あ、オレか！

―　聞いてる側は、このヤローと思いますよね。

南　そんなには思わない（笑）。

――店員さん　牡蠣の天ぷらと、千住ねぎの天ぷらです。両方、こ

*茨木のり子▼一九二六（大正一五）年～二〇〇六（平成一八）年。大阪府大阪市生まれの詩人、エッセイスト。一九五三年、川崎洋と同人詩誌「櫂」を創刊。二号目には谷川俊太郎も参加。同誌は戦後詩人の舞台となる。著書に『鎮魂歌』『自分の感受性くらい』『倚りかからず』『谷川俊太郎選　茨木のり子詩集』他。

の塩で食べてください。
――うわぁ、牡蠣の天ぷら、うまい！
坂　ねぎも、甘い。ここ、何でもおいしいなぁ。締めは鴨南蛮……いや、鴨せいろ？
――悩みますね～。
南　鴨南蛮の南蛮は、*ネギのことでしょ。
坂　ネギってオランダとかから来たのかね？
南　野菜って外国からきたもんばっかだね。カボチャだってジャガイモだってタマネギだって。江戸時代の人、野菜は何食ってたのかね？
坂　あ、江戸時代になると農業や園芸はかなり進歩しているから。その前の時代ね。なんだろ？　松竹梅？　あ、野菜じゃないけど。
南　タケノコはおいしい。
坂　梅は梅干。
――松は松の実。
南　松の実は韓国からでしょ。

南蛮▼南蛮渡来、南蛮貿易、南蛮絵のように、江戸時代、外国から日本へ渡ってきた文化を指すことが多いが、カレー南蛮や鴨南蛮といった場合の南蛮はネギのこと。かつて南蛮といわれた人たちがネギをよく食べていたことから、そう言われるようになったという。ちなみにジャガイモは、ジャカルタイモから、とかジャワイモから、ともいわれる。

ー　参鶏湯の鶏に詰めたりして。

南　江ノ島も寒かったけど。韓国の冬は寒いしねぇ。

ー　緯度が高いから。

南　ニンニク食べるのも、寒いからかな？

ー　ニンニクも、海の向こうからきたものですよね、きっと。お寺の山門によく「不許葷酒*入山門（葷酒《くんしゅ》山門に入るを許さず）」って書いてありますけど、あのなかにはニンニクも入る？

坂　当然、入ります。葷のうちのボスみたいなもの。あの文句、よく禅寺にあるよね。

南　禅宗と一緒にあの看板が日本に渡って来て、そのときにニンニクもやってきたんだね、きっと。

坂　ニンニクが看板背負ってきた説？

ー　葷酒の「葷」はニンニクやニラ、ショウガ……。

坂　あれ、くさいものって意味でしょ。ショウガは入るかな。

南　ショウガは、くさくない。私は好きです。

「葷酒」▼葷はニンニク、ネギ、ニラといった臭いの強い野菜（強壮効果があるといわれる）ばかりではなく、なまぐさい肉なども含まれる。訓読みは「くさ（い）」「なまぐさ」。

坂　ショウガがなかったら、全国の寿司屋の八割はつぶれます。

南　ショウガ食っても迷惑になんないけど、ニンニクとか酒は、座禅組んでるときに「こいつギョーザ食ったかな」とか雑念がね。迷惑です。禅宗が入ってきたころ、香水はなかったかな。

坂　お香はあったよね、確実に。

南　お香はヘーキだけど、香水は往生するときあるよね。

坂　あれはもともと、フランスなんかでは革製品を作るときに出るにおいが体についちゃったのをごまかすために発達したものらしい。だから皮屋さんが香水も作っていた。

南　香水を題材にした『パフューム』って映画、あったね。

坂　たしか、原作をドイツ文学者で、今日、まれな高踏派遊戯人、池内(紀)さんが訳してる『香水』だ。ぼく読んでないんだよなー。あれ、エロいの？

南　エロくはない。天才的に鼻がいい人殺しの話だったかな？

坂　ここからは、いわゆるひとつの猥談なんだけど。人から聞いた話は少し長くなるんだけどね、こないだ……。ところで猥談は山門に入っていいの？

南　色即是空！　喝！

Part. 10

老舗ぞろいの日本橋・人形町

ここ人形町に人を案内すると、たいてい後日「また人形町へ行きたいな」とおっしゃる。甘酒横丁をメインストリートとして、ほどよい町の規模に、老舗の居酒屋、和菓子屋、洋食店、鳥鍋屋など目うつりするくらい点在する。ことさら元祖、本家と名乗らなくても、創業が、明治、いや江戸幕末という店も少なくない。もと花街の栄華の伝統の力だろうか。

元祖の隣で、お茶いかが？

―　ここ「快生軒」飾ってある写真やオブジェが気になるものばかり。あの上のほうにあるのなんて、槍ですよね、どう見ても。

南　すごいね。槍のある喫茶店。

坂　こんちわー。五分遅れましたぁ。

南　おや、本家半可通シゲモリさん、お元気ですか？

坂　うーん、ムリ。

―　（笑）。先日のインフルエンザは、もう大丈夫ですか？

坂　それは、もう平気。南さんは？

南　オレもムリ。ついに花粉症になっちゃったらしい。坂崎さん、花粉症は？

坂　かも。この時期、喉もイガイガしたり。

南　それは、風邪じゃない？

―　この間のインフルエンザは、パリ帰りでしたね。

坂　旅行に行く前後って、体調がちょっとね。

南　そうか、パリに行ったんだ。どうでした。

坂　全然英語もフランス語もしゃべれない男二人のパリ旅行って、どうにもなんないですね。面白かったです。メルシー。ところで、この「快生軒」、けっこう古いんですよ。

― 看板の「喫茶去」は、「きっさきょ」と読むんですか？

坂　「きっさこ」。「お茶でもどうですか？」ってことらしいです。向島百花園*の茶亭へ行くと、「お茶きこしめせ梅干しもさむらうぞ」と書いてありますよね。お茶でもどうぞ、梅干もあるでよ、ってことで。この店は、朝七時とか、けっこう早くからやってるんです。下町の古い喫茶店には、よくそういうところがありますよね。浅草の千束とか。

― 閉店時間も、けっこう早かったと思います。

坂　喫煙ＯＫだから、ここでの待ち合わせは編集さんの提案だったんだけど、喫煙ＯＫだから？

南　駅からも近いし、有名な「玉ひで」の隣だから、待ち合わせにはわ

向島百花園▼かつての玉の井の近く、現・墨田区東向島にある江戸時代からの野草、潅木の植栽豊かな庭園。正月は春の七草が竹籠に植えられ販売され、秋は月見、虫聞きの会と、四季の植物と催しを楽しむ下町のオアシス的緑地。他の都立の庭園が、かつての大名や財閥の由来であったのに対し、この向島百花園は江戸の粋人・佐原鞠塢の造営によるというのも、墨堤にほど近い小ぶりな庭に似つかわしい。久保田万太郎や安藤鶴夫といった文人たちに愛されてきた。

かりやすくていいよね。

―　その玉ひでは元祖・親子丼の店なので、そういう意味でもいいスタート地点だと思います。

坂　隣の「来福亭」や、数軒先の「小春軒」なんて洋食屋は、元祖とか本家じゃないけど、かなり歴史のある店ですよ。

―　いま調べたら、来福亭は明治三十七年、小春軒は明治四十五年創業ですって。

坂　明治三十七年っていったら、一九〇四年？　私の記憶が確かなら、あの「ゴドーを待ちながら」*のサミュエル・ベケットが生まれた二年前です。

南　なんでそんなにベケットに詳しい。

坂　実は僕もあんまり知らない。ちょっとコラムを書いているフランス系の雑誌の先月の特集がベケットだったんです。今日は寒いから、かるくベケッと回っちゃいましょ。

―　言ってることがわかんないんですが……。そうですね。

「ゴドーを待ちながら」▼一九〇六〜一九八九年、アイルランド出身のフランスの劇作家・サミュエル・ベケットによる〝不条理演劇〟の元祖的作品。日本での公演は一九六〇年、文学座アトリエ公開が初演。舞台装置は木が一本だけ立つ田舎の一本道。二幕劇で、ゴドーという人物を待ちながら劇は〝不条理〟に進行する。登場人物は全てで五人。

栗の形をした元祖

坂 「快生軒」の看板、喫茶去の文字が機関車になっていますよ。大正八年からなのかぁ。

南 隣の「来福亭」は、西洋料理と大きく書かれているのがいいですね。で、「来福亭」の隣が、「玉ひで」。今日最初の元祖のはず。でも、元祖の文字が見当たらないなぁ。

― 大通りに面したところに出ている看板には、入っていましたよ。玉ひでに来たことはありますか?

南 取材で、あるような気がするなぁ。

坂 宝暦十年創業は、すごいね。

南 一七六〇年だって。

坂 私の記憶が確かなら、浮世絵師で戯作者の山東京伝が生まれるちょっと前です。じつは、予習してきました。

南　ああ、山東京伝は、懇意です。両国のあそこんとこに、お墓がある。えーっと……。

坂　回向院ね。玉ひでは、昼は親子丼で、もう、ずらーっと行列。夕方からは鶏鍋になるんですよね。この先ですよ、谷崎潤一郎が生まれたの。碑があるはずだから、ちょっと見ていきましょうよ。

――あれ、「谷崎」って看板が出ている。

南　「谷崎潤一郎生誕の地」の上に「幻の羊かん・細雪」。ってのが、いいね。

――ビルの壁に碑がはめ込んであるのは、築地で見た築地小劇場の碑と同じパターンですね。看板の谷崎ってほうは、しゃぶしゃぶなんかを出すお店みたいです。へぇ。このへんは昔、東京市日本橋区蠣殻町といったんだ。

坂　下町中の下町ですよね。谷崎の家は、活版所だったんですよ。

南　うちの近所にさ、なんでもない路地のカドに、田村直臣終焉の地って書いた碑があるの。誰？　田村直臣って思ってたんだけど、岸田劉生*

岸田劉生▼一八九一（明治二四）年〜一九二九（昭和四）年、東京銀座の生まれ。父親は明治のジャーナリスト岸田吟香。劉生は愛娘を描いた一連の「麗子像」で知られる。美術関連の評論やエッセーも多く、『劉生絵日記』も貴重な文献。

が尊敬していた牧師さんだった。絵を描いてるんだ、ちっちゃい花持ったような。

坂　ああ、あの、白髪、丸眼鏡の朴訥な、ちょっと眠そうな感じのおじいちゃん。あのモデルが田村直臣という人なの。

南　で、近所の床屋さんでさ、「田村直臣って、知ってますか？」って聞いたら、知らないけど「うちには広沢虎造さんが来て*」って自慢してました。

坂　石碑があるのもダテじゃないって感じですね。

―　あ、ここを入ると、二軒目の元祖があります。

坂　この細い道？　何のお店？

―　和菓子です。そこの「東海」という店の、上の看板に。

南　元祖・栗きんとん最中と。

―　この時期は、桜餅や草餅も置いてあるみたい。春ですね～。今日はかなり寒いけど。

――女将さん　いらっしゃいませ。

*広沢虎造▼一八九九（明治三二）年～一九六四（昭和三九）年。現・東京都港区白金生まれの浪曲師。ラジオ放送での『清水次郎長伝』が大人気となり、とくに戦後の「石松代参」で大ブレーク。昭和三十年代に少年時代だった下町の子供たちは、この「石松代参」のサワリを虎造に似せて演じられる子も少なくなかった。

坂　えーっと、元祖・栗きんとん最中は……。
――女将さん　その、下のほうにあります。白い包みが栗きんとんの最中で、隣にある透明の袋に入ったのが小倉あんです。
南　栗の形してて、かわいいね。
――せっかくですから、両方いただきましょう。
坂　こちらは、いつごろからやってらっしゃるんですか？
――女将さん　明治生まれのお祖父さんが始めたのが、えー、大正何年だったかしら？　もとは、ここから少し離れたところにあったんですけど、戦後になって移ってきて。
南　元祖・栗きんとん最中を作ったのは、その明治生まれのお祖父さんだったんですね？
――女将さん　ええ、そうなんです。
坂　栗きんとんが入った最中って、珍しいですよね。
――さっそく、食べてみましょうか。栗きんとんと小倉あん、どっちがいいですか？

坂　そこは、やっぱり栗きんとんで。

南　僕も、それですかね。

坂　お、皮が薄くて餡がたっぷり。おいしいね。

―　小倉あんは、真ん中に栗が入っていて、こちらもおいしいです。

南　お茶が欲しいとこですね、あったかい。

坂　快生軒って、なかなかいい喫茶店を知ってるんですけど。

―　ちょっと！　まだ十分も歩いてないのに戻る気ですか！　元祖ではないらしいんですが、せっかく人形町に来たので、重盛の人形焼は見ておきませんか？

坂　じゃ、チラッとね。

言ってはいなくても

南　正面の北京料理の店は、もうなくなっちゃったの？「明華園」。立派な看板だよ。

── 建物には中国風の雰囲気が残っていますが、店はバッグ全品三千円。

南 看板建築も、わりと中国っぽいな、全体的に。

坂 あの一連の建物、もともとは長屋だったのかもしれない。そこはマタニティグッズの店。ほら、すぐ先に水天宮*があるから。

南 あ〜、なるほど。

坂 戌《いぬ》の日にお参りするのがいいっていうんで、その日はけっこう混雑してますよ。「壽堂」、ここの黄金芋ってお菓子はおいしいですよ?。ニッキがきいてて。和風のスイートポテト。壽堂は、元祖とか本家じゃない?

── どっちでもないみたいです。店先に風情がありますね。地面につくんじゃないかってくらい長い暖簾がいい。

南 建物もいい。窓の桟を赤く塗ってるのが、いいね。

坂 あの赤は、べつに中国をイメージしてるんじゃないんだよね。もともと京都のお店だから、ベンガラの赤*かなぁ。

水天宮▼江戸時代から安産、子さずかりのご利益の神として知られる神社・水天宮は現・中央区日本橋蠣殻町にある。地下鉄半蔵門線「水天宮駅」(または地下鉄日比谷線、地下鉄浅草線)を下車すれば安産関連の腹帯やマタニティーグッズ、乳幼児グッズを売る商店の並びを目にすることができる。境内には安産祈願の若い夫婦や無事出産できたお礼の参拝者の姿が多い。いかにも下町らしい代表的パワースポット。

ベンガラの赤▼もともとインド・ベンガル地方から採取された染料から名付けられた。レンガ色に赤味がかったえんじ色を加えたような色調。弁柄色とも紅柄色とも紅殻色とも表記されることがある。京都・祇園の料亭「一力」の壁の色。

南　芝居のポスターが貼ってある。

坂　浜町の明治座*のですね。近いから。

南　ここらへんは、元吉原*ですよね。元祖・吉原の碑とかは、ないのかな。火事で浅草に移す前の。

坂　この通り沿いだったと思うけど。いや、あれは「お富・与三郎」玄冶店《げんやだな》があったとこか。

ー　その角が、「重盛の人形焼」やゼイタク煎餅で有名な重盛永信堂です。創業は大正六年。

ー　ここは総本店か。

坂　あの向かいの和菓子屋さんも、老舗じゃない？

ー　「三原堂」。これまた立派な看板ですね。本店かぁ。みんな、なかなか元祖や本家といってくれない……。

南　ここらで、一本裏に入ってみますか。

ー　あれ、そこの「天領」って焼鳥屋は、前は串揚げ屋で、元祖と入っていたと思ったんですが……。

明治座▼日本橋明治座は明治時代から現・東京都中央区日本橋浜町にある劇場。現在のビルは一九九三年に施工、明治座百年記念公演開催。以降、歌舞伎、演劇を中心に公演。

吉原▼江戸幕府公認の遊廓。日本橋人形町、日本橋富沢町をまたがる区域にあった。当時のこの付近では海岸が近く葦がが生い茂っていたのでアシをヨシと変えて吉原と呼んだという。たび重なる火災から繁華となったこの地から、浅草の北方、日本堤へ移動することになり、新吉原とした。

坂　元元祖。

南　「天領」っていかにもな屋号だから、元祖くらい言っていいよね。みうらじゅんさんがsince 採集してるけど、since 去年で元祖・串揚げ。

―　そういえば先日、川崎市民ミュージアムでやっていたみうらじゅんフェスで、since Tシャツを買いました。夏、お二人にお会いする際には、着てきたいなぁと思っています。

坂　そしたら、僕もヘンなカッコしてきましょうか。フロイト*の顔が、よく見ると女性の裸になっているTシャツがあって。ヘアの部分が、フロイトのヒゲになってるの。

―　そんなTシャツ、どこで買ったんですか?

坂　モンマルトルの、どうでもいい店。で、近くで小銭すられた。そこの「松榮堂」は、有名なお香の店。ここも、もともと京都でしょ。八坂神社の手前に立派な店がある。

南　ここも風格のある店構えですね。おや、店の前に置いてあるシロクマの置物から、煙が出てますよ。

フロイト▼一八五六〜一九三九年、オーストリアの精神分析の家元的学者。夢の分析判断によってその人の深層心理をつきとめようとした。著作に『夢判断』『精神分析入門』

坂　ボヤ、ボヤ！

―　お香に決まってるでしょ！

坂　刃物や毛抜きの「うぶけや」とかは、元祖じゃなかった？ 洋食「キラク」の薄いカツは？ すき焼きの「日山」は？

―　どれも古くからある店ですが、元祖とも本家とも言っていないんです。わざわざ名乗るなんて野暮だって感じなんでしょうか。

坂　人形町は江戸の中心でもあるから、いまさら言わなくってもって思ってるのかも。

南　人形町は、町自体が古いですよね。江戸時代の初期から、もうあるわけだから。そこの「志乃多寿司」は……總本店か。

坂　豆腐の「双葉」は？

―　あ、元祖です！ 甘酒横丁の元祖・甘酒ですって！

南　明治四十年創業。

―　やっぱり、ここも古い店なんですね。

坂　このお茶の香り、下町って感じでいいですね。

―　隣の「森乃園」は、自家焙煎のほうじ茶が自慢の店みたいです。あの、くるくる回ってお茶を焙じる機械が、懐かしい。うちの近所にも、ああいうのを置いている店がありました。

坂　うわー、鯛焼の「柳屋」、行列してる。なにもこんなに寒い日に、並ばなくても……。

南　本舗、高級鯛焼。

―　高級な鯛焼って、何が高級なんだろう？

南　たしかに……高級駄菓子みたいだよね。

坂　そこは、つづらのお店。

―　つづらって、昔話とかに出てくる、あのつづらですか？

坂　それ以外、ないでしょ〜。あの、「舌切り雀」*の。今は竹で編んだ箱に和紙を貼って、漆を塗って、家紋を入れたりするんですよ。タイミングが合えば、ご主人が作業しているところがガラス越しに見えるんですけどね。最近は、欧文字の名前入りのつづらを外国の人へのプレゼントにする人なんかもいるみたい。そこの「鳥忠」の卵焼きも、有名です

舌切り雀▼有名な日本昔ばなしの一つ。心優しいお爺さんと欲張りなお婆さん、老夫婦の話。怪我をした雀を可愛そうと思って手当てしたお爺さんは、山に帰ろうとしない雀に情が移り、家で飼うことにする。それを快く思っていなかったお婆さんは、障子の張り替えのための糊を食べてしまった雀の舌をハサミで切ってしまい、そのまま外に放ってしまう。それを聞いたお爺さんは雀が心配で探しに行くと藪の奥の雀のお宿から雀が出てきて招き入れてくれる。そしてご馳走や歌や踊りと大変なもてなしのあと、お土産として、大小二つのつづらが用意され、選ぶように言われるが無欲なお爺さんは、小さいつづらで十分と、そちらを選ぶ。家に戻って、つづらを開けると金銀財宝がどっさり入っていた。それを聞いた欲張りのお婆さんは――
（以下略）

よ。

― 人形町って、鶏肉と卵の店が多いですよね。

坂 あと、京都系の漬物屋も多い。あそこの虎家喜《とらやき》ってお菓子が有名な「玉英堂」も、たしかもとは京都。

南 どら焼きじゃなくて？

坂 どら焼きみたいなんだけど、皮が虎の柄みたいなシマシマ模様になってるの。

― 虎家喜の包装紙には、たしか「天下一品」と入っていました。「高級」「名代」「天下一品」……、元祖や本家とは言っていなくても、店ごとに老舗の自負はあるって感じがしますね。

坂 その隣が、三味線屋の「ばち英」。

― そのショーウィンドーのあいびき椅子っていうのは、演奏中に足がしびれないようにするための椅子かな。

南 一万五千円。

― 小さいのに、けっこうするなぁ。

坂　この先にある「笹新」って居酒屋は、すっごくいい店。あの角の、ね。

―　私も大好きです。開店には、まだちょっと早いか……。

坂　あ、「今半」。ここここそ、元祖とか本家じゃないの？

―　店の看板なんかには出てないんですが、ホームページでは、牛肉佃煮の元祖を謳っています。

南　せっかくの元祖なんだから、書いておいてくれないと。

―　そこの「芳味亭」は、お座敷で食べる洋食屋だったような。人形町には、洋食屋もけっこう多いですよね。

坂　かつては花柳界のあった町だから、お客と芸者が行くハイカラな店として、たくさんできたんじゃないかな。

―　お？　あの大衆割烹は、本家じゃないですか？

南　ホントだ！……いやいや、あれは「京屋」です。

―　や、よく見たらそうですね。「京」の字が達筆すぎて、「本」に空目《そらめ》しました。

坂　空目はいいね。空耳《そらみみ》があるくらいだから。この先の古い、いい感じの酒屋は、立ち飲みができます。

――キンシ正宗の看板が出ているところですか？

坂　そうそう。夕方の六時くらいから、八時過ぎとかまでしかやってないの。

――営業時間、短いなぁ。

南　柳原良平*さんの絵が飾ってあるね。トリスおじさんの。

坂　柳原さんは船が好きで、横浜にお家があってね。あ、ぼく、アンクルトリスのTシャツ持っていた。

――私、この先にある本家を知ってます。

南　へぇ、近いの？

――近いです。大きい通りに出たら、信号を渡ってすぐの左側です。

坂　あ、そこが洋食の「キラク」ね。

――渋いたたずまいですねぇ。

南　もう元祖とか本家とかって、あってもなくてもいいいんじゃない。お

柳原良平▼一九三一年～二〇一五年、東京生まれのイラストレーター、アニメーター。トリスウイスキーのCMの柳原による「アンクルトリス」が人気となる。船舶や港の趣味があり、サントリー退職後は、その関連のイラストレーションやエッセーを多く発表。二〇一八年、横浜みなとみらい博物館内にて「柳原アートミュージアム」が開設された。

店の方が遠慮してるのなら、われわれで、書いてあげちゃいましょうか。喜ばれますよ。

― 怒られますよ、もう。

本家の後は、山芋と聖子

坂 その「RON」*って喫茶店は、メニューにいろんなものがあるんですよ。昔の喫茶店みたいに。野菜サンドにパフェからナポリタン。

― 「人形町で一二三〇年」って書いてある。喫茶店なのに、そんなに昔からあるってことあるのかなぁ。

南 僕に聞かれても……。

坂 僕に聞くのは、別の日にしてください。

― そこの、大きな提灯が下がっているところが本家です。

南 元祖・炭火牛串の牛本家、正田屋。

― 江ノ島で行った元祖・鴨南ばん本家みたいに、元祖も本家も両方織

RON▼もともと、この地で江戸時代から続く商家が五十年ほど前、喫茶店を開業したという。昭和ノスタルジーの雰囲気とメニューが人気の老舗喫茶店だったが現在は閉店。

り込んだタイプですね。

坂　メニューのイラストが、かわいいじゃない。古い絵草紙に出てくる絵みたい。「本家の名の恥じぬ仕事」だって。

—　それにしても、本当に寒い。昨日は二十度くらいまでいったのに、今日は寒の戻りってやつですね。

坂　そろそろ、どこかに……。

—　入りましょう！

坂　いま、四時くらいか。中途半端な時間だけど、人形町ならどっかあるでしょ。

南　天然鯛焼って、何ですか？

—　何ですか？　半可通さん、知ってます？

坂　だから、今日は質問に答えない日なんだってば。

—　書いてあります。天然鯛焼の鳴門鯛焼本舗。小豆のほかに、鳴門金時を使った芋の餡があるみたいですよ。

坂　わかってますよ。この道が面白いんですよ。ここは大観音寺《おおかんのんじ》。*

大観音寺▼通称「人形町大観音」、大観音寺は日本橋人形町の商店街通りより階段を上がったところに本堂がある。建立は明治三三年。本堂奥に「鉄造菩薩頭」と呼ばれる大きな頭部のみが納められているが縁日の毎月一七日、もしくは二日に拝観できる。なおこの寺は町名にちなんで人形供養も行われている。

南　江戸三十三観音第三番札所って幟が出てる。
坂　人形町だけに、人形供養が有名なお寺なんですよ。鉄の観音様がご本尊で、毎月縁日の日にはご開帳されるんです。
ー　本堂は、階段を上がっていくんですね。
南　へぇ～、お稲荷さんって、ああいう顔してんだ。
ー　小さいお社の中で、狐の後ろにいるあの人ですか？　提灯に茶吉尼天《だきにてん》＊とありますよ。
南　ああ、茶吉尼天が本名？
坂　そこの「よし梅」は、ねぎま鍋がすごくおいしい店。川口松太郎がでこちゃん（高峰秀子）と来てたらしいですよ。かつては芳町の人力車が店の中まで入ってこられたと、店の人に聞いたことがある。
南　店も立派。ねぎで六千五百円だって。いい値段だなぁ。
ー　ねぎま鍋だから、ねぎだけじゃないと思いますけど。カフェ＆デリのよし梅もある。ずいぶん洒落てますね。この「きく家」って店も、味がある建物ですね。

茶吉尼天▼ふつう、剣と宝珠を手に百狐に乗る天女の姿で表される。お稲荷と関係が深く、エロティックな姿のこともあり、性愛の神様とされることもある。

坂　この道のお店は、みんな様子がいいですね。わぁ、梅が咲いている。

南　ヒモで、ものすごい支えられてますね。キンバクされてるともいえる。

―　頑張って横に伸びちゃったばっかりに……。

坂　ここは、地球儀専門店。

―　へぇ、珍しいですね。

南　こっち立派な幼稚園だねぇ。

―　小学校も図書館も同じ建物みたいですよ。西郷隆盛屋敷跡の立て札も立っています。

―　わ、道端に鯨！

坂　いきなりだなぁ。すごいね。

―　背中からは、チョロチョロ水が出ている。人形浄瑠璃の人形に鯨のひげが使われていたのが、関係しているみたいです。

南　鯨ももういいので、とにかくどこかで暖を取りましょう。

坂　そこのビストロは、やってない？　この先のバーも、まだか。あ、そこの「権兵衛」って居酒屋が開いてる。そこにしましょう。

―　――店員さん　らっしゃいませー、

坂　あぁ、暖かい。うれしい～。

南　お燗ください！

―　いいねぇ～、落ち着いちゃうね。へぇ、「南」なんてお酒がある。

南　高知の酒かぁ。知らなかったです。

坂　獺祭もある。「はてな」ってのもある。どこの地酒？

―　ハテナ？

坂　――店員さん　こちら、今日のオススメでーす。

南　わ、すごいメニュー。自立式。引田天功*みたい。

坂　よくわからないたとえだなぁ。どちらかというと、小さな仏壇みたいというか。

南　どっちもどっちでしょ。山芋～油漬け。焼き油揚げ。

坂　おいしそうだなぁ。あとは？

引田天功▼初代は一九三四～一九七九年、神奈川県横浜市生まれのマジシャン。水中や閉ざされた空間などからのスケールの大きい脱出芸を得意とする。二代目はプリンセス天功と呼ばれる。一九五九年、新潟県妙高市生まれ。マジシャンというよりは「イリュージョニスト」を自称している。師の脱出芸を引き継ぎ、そのバリエーションを追究してきた。北朝鮮の金正日が彼女の大ファンで北朝鮮に招かれての公演も行った。

―　マカロニサラダ。

―　――店員さん　はい、かしこまりました。先に、お酒でーす。

―　寒いなか、今日もよく歩きました。

―　――店員さん　はい、おまちどうさまでーす。

南　これは？

―　これが山芋のゴマ油漬けです。

坂　きれいですね。

―　タクアンみたい。

坂　山芋が出てきてタクアンみたいって、山芋に対してどうなんですか？　落語では卵焼きのかわりにタクワン、ってのはあったけど。

南　あ、おいしい、おいしいよ山芋のゴマ油漬け。

―　――（ラジオ）　♫あーなぁたに～♪

―　酒のつまみにもってこいですね。

―　――（ラジオ）　♫会ーいたーくて～♪

―　この松田聖子の音楽と山芋がビミョーに……。（とスマホをいじり

ながら）

南　坂崎さん、どうしたんすか？　すっかりそんな、スマホを操る人に。

坂　いやいや、さっきの「笹新」が何時から開店か確認してるんです。これぞ居酒屋って店ですよ。すぐ満席になっちゃうの。このあと、行きたいでしょ？

—　はい！

坂　人形町はお酒がおいしいところ、いっぱいありますからね。もう二、三軒は行かないと。

南　元祖・はしご酒の町。

坂　♬居酒屋に〜♪　♬行きたーくて〜♪

Part. 11

海に近い城下町
小田原へ

小田急のロマンスカーって口に出すのは少し恥かしい気がした頃があったが、昨今はそんなことはないのだろう。便利で速く楽しい列車として、とても人気がある。新宿駅のホームに立つだけで、もう観光気分になれるのがうれしい。行き先は、小田原城を中心に歴史と文化と食の街——小田原だ。そぞろ歩いて気持ちよく、料理が美味しく、特産品も豊富。

小田急に揺られて

―　今日は小田急に乗って、小田原に向かいたいと思います。

坂　小田急っていったら、♪シネマ見〜ましょかお茶のみましょかいっそ小田急で逃げま〜しょか〜の「東京行進曲」ね。誰の作詞でしたっけ？

―　西條八十。* あの歌詞には、小田急電鉄を小田急と縮めて言ったのと、「逃げましょか」なんて不謹慎だというので、小田急から抗議が来たらしいですよ。でも、その後和解して、西條八十は小田急の顧問になるんです。結局、「東京行進曲」は大ヒットして、小田急での旅行が人気になり、ロマンスカーもそこから生まれたようなもので。

坂　おー、よく知ってるねー。さては本誌の特集かなんかで小田急線をやったでしょ、前に。とにかく、じゃ、まずは、今日の無事を願って。

一同　かんぱーい！

―　おつまみは、小田急沿線の秦野の名物、ピーナッツです。

西条八十▼一八九二（明治二五）年〜一九七〇（昭和四五）年。東京都新宿区生まれの作詞家、詩人。象徴詩人として詩壇デビュー、フランスに留学、帰国後、早稲田大学文学部教授として教鞭をとるかたわら、作詞家としても活躍。「東京行進曲」をはじめ「青い山脈」「誰か故郷を想わざる」や村田英雄や美空ひばりが歌って知られる「王将」など、大ヒット曲の詞を提供しつづけた。

南　さっき渡ったのが、多摩川だよね。いま、どこらへんなんだろう？

―　もう少し行くと、白洲次郎・正子夫妻が住んだ武相荘*がある鶴川じゃないですか？　遠藤周作*も肺病になったときに、空気のいい場所で療養をと、あのあたりに住んでいたんですよね。

坂　小田原城って、誰の城だったんだっけ？

―　北条早雲*ですね。

南　小田原城に動物園があって、象がいたよね。井の頭公園の象は、死んじゃったっけ？

―　何年か前に亡くなりました。

南　象って、たいがいはな子さん*だね。上野動物園の象も、はな子だし。

坂　それ、たしか同じはな子さんですよ。ウクレレ弾くときのコードで上から♬ハナコサ〜ン（ソ・ド・ミ・ラ）♪。はな子さん、上野動物園から配置転換っていうか、人事異動で。人事異ゾウか。

南　井の頭に、派遣されたたね。

武相荘▼正式には「旧白洲邸・武相荘」。名の由来は武蔵の国と相模の国の境に建つ白洲次郎の邸宅で、当然、無愛想を連想させる。白洲次郎は一九〇二（明治三五）年〜一九八五（昭和六〇）年。兵庫県芦屋の大資産家の生まれ。ケンブリッジ大学卒業。学生時代からカーマニアで高級車を乗りまわすダンディな御曹子として知られる。イギリスの特命全権大使であった吉田茂の知遇を得る。戦後占領下の吉田茂の側近としてGHQとの交渉に寄与「D・マッカーサーを怒鳴りつけた男」といわれた。昭和三〇年以降は実業界で異才ぶりを発揮。妻・正子は一九二九年、白洲次郎と結婚。戦後は能・古美術の愛好家で小林秀雄と青山二郎らと交遊。

遠藤周作▼一九二三（大正一二）年〜一九九六（平成八）年。現・豊島区北大塚の生まれ。吉行淳之介、安岡章太郎などとともに文芸界では

坂　あ、あれは何？

ー　あのメタリックブルーの車両も、ロマンスカーです。われわれのはオレンジですけど、ほかにもいくつかカラーバリエーションがあるんですよね。

坂　そっちの青いのは？

ー　あれは、相鉄（相模鉄道）です。

南　電車離れしたペイントだよね。

坂　何ですか、電車離れって？

南　いやいや、日本の電車離れっていうか、ああいう色、あんまないじゃない。

坂　たしかに。でも、ブルートレイン*とか、オリエントエクスプレス*みたいでかっこいいね。両方とも乗っているけど（自慢げ）。

南　あの山は？

ー　丹沢です。

南　あの川は？

「第三の新人」といわれた。キリスト教と日本人をテーマに作品を発表する一方、ユーモア・エッセイ「狐狸庵」で人気作家となった。『沈黙』は二〇一六年、マーティン・スコセッシ監督により映画化。話題を呼んだ。

北条早雲▼生年不明（一四三二年―一四五六年？）〜一五一九年没。岡山県の生まれ。室町時代、戦国時代に伊豆、小田原を統治した最初の戦国大名として知られる。ちなみに鎌倉時代の北条政子や北条時宗とは、まったく血縁などもなく無関係で、伊勢新九郎、伊勢宗瑞を名乗った。

はな子さん▼一九四九年タイから上野動物園に。（戦争中に餓死した「花子」の名をついで）「はな子」と名付けられた。一九五四年、上野動物園から井の頭自然動物園に移される。二〇一六年九月六六歳という国内最高齢で死亡。二〇一七年、吉祥寺駅前北口広場に銅像が完成。

―　相模川。

坂　よく、山とか川の名前がポンポン出てくるねぇ。前、土建屋の飯場《はんば》かなんかにいたの？

南　小田原の手前に栢山《かやま》ってところがあってさ。

―　そこは、知らないなぁ。

南　二宮金次郎の生まれたとこで、当時の捨て苗拾ってつくった田んぼとか残ってる。

―　小田原城のなかに二宮金次郎を祀った報徳二宮神社があるのは、生誕の地が近いからなのかな。

坂　せっかく、ここに、二宮金次郎になったことのある本人がいるんだし。本人に聞いてみましょう。

南　あのときは、もーう、なにしろ役人が言うこと聞かなくて……。

坂　あ、その二宮さんの愚痴、なんか、聞いたことがある。大変だったんですね。じゃ、電車下りたら、まずは小田原城へ行ってみるのもいいんじゃない？

ブルートレイン▼日本国有鉄道が一九五八年から運行を始めた寝台列車の総称を指すキャッチネーム。車体の青色から、そう呼ばれた。

オリエントエクスプレス▼オリエント急行。一八八三年、パリ〜コンスタンティノープル（イスタンブール）間を運行した国際寝台列車が始まり。現在はパリ〜イスタンブール間の直通便は廃止となったが、今日も〝走る豪華レストラン〟として日本人客にも人気。

小田原城うろうろ

南　あ、小田原提灯《ちょうちん》＊。
坂　はい、皆さん、観光マップね。いま観光案内所で聞いたら、小田原かまぼこの元祖で「鱗吉《うろこき》」って店があるって。珍しい名前だよね。
―　では、まずは小田原城、その後に鱗吉というルートで参りましょう。
南　このへん、昔は揚土《あげつち》っていったらしい。こっちに「揚土」、こっちに「あけつち」。
―　この町名碑、濁音は書いてないんですね。
坂　そういうのって、ときどき、あるんですよ。神楽坂の横寺町、尾崎紅葉先生の住んでいたとこ、「よこでらちょう」とか、「よこでらまち」とか言ったりするんだけど、土地の人に聞いたら「よこてらまち」らしい。地図にも濁ったり、濁らなかったり。
―　こっち側に地名の由来もありますよ。小田原城の空堀を作った際に

小田原提灯▼円筒形の手さげ提灯。江戸時代、小田原で作られ、やがて全国に普及。童謡の「お猿のかごや」で歌われている。小田原駅の構内天井からは巨大な小田原提灯がぶら下がる。

出た土砂をこのへんに埋めたことから揚土か。

坂　ちょっと見て、この観光案内板の地図。小田原って、けっこう作家が住んでたんだね。三好達治、*坂口安吾、谷崎潤一郎、北原白秋*……白秋は、童謡館なんかもある。

南　川崎長太郎*も、ここに。

坂　川崎長太郎小屋跡碑！　いやいや、ここは行きたいですねぇ。長太郎さん、トタン小屋私小説家の元祖にして家元。その小屋に女の人を連れ込んで、イケナイこと、っていうかイイコトばっかりしてたの。しかも、近くの抹香町ってとこの私娼窟《ししょうくつ》にも通ってた。で、長太郎さんがよく通った居酒屋がまだ残っているらしい。「だるま」っていったかな。

―　いま調べたら、鱗吉の近くみたいですよ。後で、行ってみたいですね。

―　この一階の「ちん里う」という梅干し屋さんは、明治四年創業となかなか歴史のあるお店で、梅干しもとてもおいしいんです。

南　元祖か本家と言ってくれればよかったのに。

三好達治▼一九〇〇（明治三三）年～一九六四（昭和三九）年。大阪府大阪市生まれの詩人。萩原朔太郎と知遇を得て、馬込文士村の住人に。詩集『測量船』『駱駝の瘤にまたがって』などがある。「雪」の「太郎を眠らせ、太郎の屋根に雪ふりつむ。次郎を眠らせ、次郎の屋根に雪ふりつむ」の、たったの二行の詩は、今日も愛唱する人が多い。

北原白秋▼一八八五（明治一八）年～一九四二（昭和一七）年、熊本県玉名郡生まれの詩人、童謡作家。一九一八年、小田原に住む。このころ鈴木三重吉の『赤い鳥』誌上を拠点に童謡・詩の分野で活動。のち山田耕筰とのコンビで「からたちの花」「この道」など多くの歌謡を生み出す。

川崎長太郎▼一九〇一（明治三四）年～一九八五（昭和六〇）年、神奈川県小田原市生まれの私小説作家。一九三八年ころから小田原万年

―　小田原には競輪場もあって、年に一度、北条早雲杯ってレースもあるんですよ。あれ、そこに、さっそく本家がありますよ。
坂　早っ！　元祖に比べて、本家はいつもなかなかないのに。
南　「てらけん本家」、全品二百九十八円。
坂　居酒屋ですね。昼間っから、もうやってる。せっかくだから、ちょっと一杯……。
―　まだスタート直後ですよ。しかもふつうの居酒屋っぽいし。歩いて、歩いて！
南　そこのお店、渋いなぁ。ワッペンがたくさんある。
坂　こっちは、古いアンティークボタン。あのー、早雲のピンバッチとかないですか？
――店主　ないですねぇ。こういうエンブレム*なんかは、あるんですけど。機械じゃなく、手刺しで刺繍《ししゅう》してあるんですよ。
南　それはすごい。貴重ですね～。
―　お店を開いて、どれくらいになるんですか？

町の海岸の物置小屋に住み、そこから市内・抹香町の私娼窟に通う。このときの体験をもとに『抹香町』を発表、文壇内で大きな評価を得る。以来、この小屋にさまざまな女性を招き入れ作品に反映。一九六二年結婚、小屋を出て市内で間借り生活を始める。一九六七年脳出血により半身不随に。一九八五年小田原市立病院で死去。

エンブレム▼日本では「紋章」、「記章」「ワッペン」などの意味で用いられることが多いが、本来は特定の人物、物、集団を表す図像を言う。

――店主　今年で五十九年になります。

―　そうですか。もう、ほとんど還暦！　へぇ～、あそこに、小田原おでんとありますよ。そんなご当地おでんがあるとは、知らなかったなぁ。

南　そこの扉の字、ちょっと面白いね。

―　「シセロシスコ装飾」。ステキなアクセサリー屋さん。

坂　何語でしょうね、シセロシスコって。サンフランシスコの妹かなぁ？

―　（無視）このお堀端の一角、いい雰囲気ですね～。

南　眺めが、すごくいい。

―　お堀沿いには桜が植わっていて、花の季節はきれいでしょうね。

南　小田原文学館っていうのが、あるんだって。

―　本当だ、案内が出てる。さっきの地図でも、小田原ゆかりの作家って錚々たる顔ぶれでしたもんね。

―　さ、橋を渡ってお城に入りましょう。

坂　向こうに見える石橋もいいね〜、苔むしてて。

――報徳二宮神社は、こっちみたいです。今日は、競輪はやってないみたいだな。やっていると、このへんまで打鍾の音が聞こえてくるんですよ。

坂　北条早雲杯があるって言ってましたよね。小田原提灯杯とかは、ないんですか？

――それじゃ、選手たちが走る気にならないでしょう。

南　ういろう杯ってのもいいね。

坂　そうだそうだ、小田原はういろうが有名なんですよね。名古屋も有名だけど、小田原のういろうは六百年以上の歴史があるらしいですよ。

――そんなに古くから。でも、ういろう杯もないです。

南　「外郎売り」の早口言葉あるくらいだから。あるんじゃないの。拙者親方と申すは――から始まるやつ。

――じゃ、早口言葉のういろう杯は、あるかもしれません。

坂　アナウンサーとかが練習するのね。

―　えーっと、こっちが歴史見聞館で、二宮神社はどっちだろう？

坂　わあ、お堀に紫陽花と菖蒲がきれいですね〜。

―　いい時期に来ましたね。このへんは、本丸の東堀跡だそうです。

南　紫陽花って、土壌によって色が変わるっていいますよね。

―　ここは、いろんな色が咲き乱れてるから、土壌も乱れてるのかな。

南　♬どじょうが乱れてコンニチハ♪

坂　♬ぼっちゃん、一緒に遊びましょ〜♪＊

―　ここ、小田原市立図書館ですって。お城の真横の図書館って、珍しいような。あれっ、ここに、不思議な人がいる。

坂　誰？ そのハリボテの人。漱石先生？

―　北原白秋みたいですよ。白秋が作詞した童謡がいろいろ書いてある。「雨降り」「ペチカ」「あわて床屋」「ゆりかごのうた」「からたちの花」「待ちぼうけ」「この道」……こうしてみると、いい歌ばかりですね。

坂　♬雪の降る夜は楽しいエチカ、エチカ燃えろよスピノザ、エチカ♪＊ってね。しかし、このへんは、豪快な石組ですねぇ。

ぼっちゃん、一緒に遊びましょ〜▼もちろん元ネタは大正時代に作られ、今日も愛唱されている童謡、唱歌「どんぐりころころ」。「どんぐりころころ　ドンブリコ〜」で始まる。

雪の降る夜は楽しいエチカ、エチカ燃えろよスピノザ、エチカ▼元ネタは一九二四（大正一三）年、作詞・北原白秋、作曲・山田耕筰による童謡「ペチカ」。「エチカ」は一七世紀オランダのスピノザの著書で「倫理学」を意味する。この書は死後の『遺稿集』に含まれるが、異端の書として禁書とされてしまう。

―　天守閣が、あんなに高いところに。おお、やっと二宮神社が見えてきました。

南　わぁ、立派じゃないの。おお〜、本殿も堂々たるものだ。

坂　庭も、素晴らしい。

―　やっぱりありましたよ、二宮金次郎のブロンズ像。昭和三年にできたのか。

坂　ブロンズって、そこはふつうに銅像でいいんじゃない？

南　当時のメートル法普及を反映して、ちょうど一メートルの高さに制作だって。小田原市内には、背負子《しょいこ》おろして腰かけて本読んでる金次郎とか、正座してる金次郎とか、いろいろいるんですよ。

坂　そうそう、道端に腰を下ろして、ひと休みしてタバコ喫ってる金次郎像とかね。

―　へ〜、知りませんでした、そんな金次郎。二宮金次郎像って、戦時中、金属供出に遭ったという話をよく聞きますけど、ここのは残ったんですね。

南　この、背中の柴が、いい出来だねえ。本の薄い感じも、とってもいい。

―　のぞき込んだら、文字も書いてありそうですね。

南　『大学』*を読んでたってことになってるので、たぶん書いてありますね。この感じだと。

坂　宇野鴻一郎*の女子大生もの、読んでたりして。

―　金次郎さんに限って……あ、そこに「きんじろうカフェ」がありますよ。ちょっと休みませんか？

坂　わー、しゃれたカフェだなぁ。グッズがどれもすてきですねぇ。

―　二宮金次郎像の形をしたきんじろうクリップや、きんじろうの幸福ハンカチ……。

坂　報徳伝言帳なんてメモも、かわいい。お土産に買っていこうっと。

南　こっちには、尊徳翁の像と碑がある。一円札には尊徳さんが印刷されていましたよね。あれ？　二宮尊徳さんの「そんとく」って「損して徳とれ」のそんとくじゃなかったんだ。スーザン・ソントクという向こ

『大学』▼中国の古典、『大学』『中庸』『論語』『孟子』の四子書のうちの一冊。南宋の儒学入門の書で自己修身の重要性が説かれる。

宇野鴻一郎▼一九三四（昭和九）年、北海道札幌市出身の小説家。昭和三七年『鯨神』で芥川賞受賞。純文学から官能小説作家に転身、「わたし、～なんです。」といった、女性の告白という文体によってベストセラー作家に。作品は日活ロマンポルノなどで数十本も映画化。嵯峨島昭《さがしまあきら》名で推理小説も発表。

うの人もいたっけ。

坂 それは、スーザン・ソンタグ！*なんでわざとらしい忖度するの。

南 ナニナニ？「道徳なき経済は犯罪であり、経済なき道徳は寝言である」って書いてある。金次郎さんて、いまでいう経営コンサルタントだったんですね。進駐軍は金次郎好きなんですよ。で、二宮金次郎とリンカーンが一緒に座ってる絵とかっていうのもある。

坂 あ、そうなの。日米の偉人同士って感じの絵なんでしょうね。トランプと安倍さんとか……ちょっと違うか。

元祖と裕次郎と長太郎

ー うわー、この建物、小さなお城みたい。ういろう屋の、その名も「ういろう」さんですって。

坂 ういろうはもともと「透頂香《とうちんこう》」って薬で、医術に詳しい家柄の外郎《ういろう》家が作ったために、透頂香をういろうというようになったんだって。

スーザン・ソンタグ▼一九三三〜二〇〇四年、アメリカ合衆国・ニューヨーク生まれの作家、評論家。とくに人権問題と深くかかわり、リベラリストとしての立場からベトナム戦争、イラク戦争に反対。また、自らレズビアンであることを表明。『反解釈』『写真論』『隠喩としての病い』など、著書は日本でも多く翻訳されている。

で、そこん家の人がもてなし用に作ったお菓子がまた好評で、これも「お菓子のういろう」って言われるようになったらしいですよ。

ー よくご存じですね。

坂 まぁね〜。常識！

南 駅でもらった地図に書いてあったんですよ。

坂 ……（シカトする）おお、店内では、お菓子と薬と、両方売ってる。喫茶室もあるから、お茶でも飲みましょうか。

南 この、お城の上のほうって、どうなってんですか？

――店員さんA　事務所で、お殿様やお姫様はいなんです（笑）。こちら、メニューです。

坂 ういろうを使ったお菓子があるんですね。

――店員さんA　はい。この「昼顔」は、生地がういろうで、中が味噌餡のお菓子になります。

坂 「昼顔」は昔はドヌーヴ。昨今は上戸彩。で、僕は昼顔とお抹茶。

南 えーっと、このぼくは、酒まんじゅうと煎茶で。

― 私は、冷たい抹茶と、「枇杷」というお菓子をください。

坂 あのー、このへんに抹香町っていう町がありませんでした?

――店員さんA 抹香町……? あ、いま、奥で「あ〜あ」と言っている人がいたので、代わりますね。

――お客さん 川崎長太郎さんの抹香町ですよね。

坂 そうです。おっしゃるとおり。

――店員さんB お祭りのときに、各町内からお神輿が出るんですけど、そのお神輿に、「抹香町」とか、「茶畑」とか、古い町名が入ってるんです。いまはほとんど新しい地名になっちゃって、旧町名は残ってないんですけどね。抹香町は、本町のほうだったんじゃないかしら?

――お客さん たしか都大路の、奥のほうじゃ……?

――店員さんB あのへん、古いお店や旅館もありましたものね。

坂 なるほど、ありがとうございます。川崎長太郎は、お読みになったんですか?

――お客さん ええ、読みましたねぇ。

坂　そうですか。長太郎さんがごひいきのお店だった「食堂」*も、このへんだったんでしょう。

――お客さん　……え～と……。

坂　いや、自分たちでさがします。どうも、いろいろありがとうございました。

南　抹香って、あのマッコウクジラの抹香？

坂　そうそう。マッコウクジラからは、竜涎香《りゅうせんこう》という高価な香の原料がとれる。なんか香木の抹香に似てるからマッコウクジラというらしい。

―　どうして鯨から、そんな香料が取れるんでしょうね？

坂　ね。でも鯨も、そう聞かれたら困ると思いますよ。麝香鹿《じゃこうじか》*だって、なんで、いい香りのする麝香があんたら、鹿からとれるのといわれてもね～。

南　ういろうも、ここが本家ってことだよね。

―　あ、そこに、元祖・たこ天って書いてあります！　かまぼこ屋さんだ。

長太郎さんがごひいきのお店だった「食堂」▼今日も小田原城の東、二～三百メートル、本町で盛業中の海鮮料理店で〝食堂〟というイメージではない。唐破入母屋造りの立派な割烹風。創業は明治二六年、相模湾の新鮮な魚貝類を提供。川崎長太郎は〝ちらし寿司〟がお好みで、「栄養があるからと言っていたという。一九五四年の出版記念会も、この「だるま」で開いた。今日もさすがに、店の人は川崎長太郎というと、すぐに反応してくれる。

麝香鹿▼南アジアの山岳地帯や森林に生息。夜行性。雌を引きつけるためにムスクと呼ばれる麝香を分泌。現在ワシントン条約で国際取引が禁じられているが密漁が絶えないという。

坂　たこ天、帰りの電車で食べられるんじゃない？

――店主　そのままで、召し上がっていただけますよ。

――じゃ、一袋ください。

南　立派なお顔されてますね、あの写真。

――この武将の写真は、もしかして……。

――店主　はい、私です。小田原には北條五代祭り*というお祭りがあって、武者隊や鉄砲隊、音楽隊などのパレードがあるんです。そこで私、北条早雲を、八十になるまでに五回もやってまして。

南　「わたしが北条早雲だったとき」が五回ですかぁ。負けちゃったな。

――店主　それと、裕次郎。石原裕次郎は僕の親友なんですよ。僕も日活にいましたから。裕次郎が、宣伝部の前の食堂でカツカレーをごちそうしてくれて。でも、裕次郎本人を目の前にしちゃ、緊張で食えたもんじゃない（笑）。その後、ターキーさんに……。

――ターキーさん？

――店主　水の江瀧子さん。*そのターキーさんに会ったら、「いい

北條五代祭り▼小田原城を拠点とした戦国大名、北条早雲に始まる後北条氏五代をしのぶ五月三日から開かれる祭礼。五代城主に扮した武者行列、家紋「三つ鱗」ののぼりを掲げたり、武者隊の先駆けや鉄砲隊による砲撃など雄壮な構成。

水の江瀧子▼一九一五（大正四）年〜二〇〇九（平成二一）年。北海道小樽市生まれ。一九二八年、松竹歌劇団第一期生。男役で「男装の麗人」ターキーとしてスーパースターに。一九四二年松竹退団、一九五五年、日活で日本初の女性プロデューサーに。石原裕次郎をプロデュースしたことでも知られる。昭和二八年と三一年ＮＨＫ「紅白歌合戦」の紅組司会も務める。

子だから、預かろうか」と言ってくださって。

坂 へぇ～、そうだったんですか。

――店主 でも、みんな逝っちゃって。寂しいですよね……。

坂 ……そうですかぁ。どうも。まさか、こんなところで裕次郎、いや、日活の元俳優さんに出会うなんて、びっくりでしたね。

南 お、向かいの薬局、歴史を感じさせる佇まいだなぁ。看板にまで瓦屋根がついてる。

坂 あの酒屋の建物も、タイルの感じがすごくいい。

― あれ、一軒挟んだ隣がタイル屋さんですよ。ここもまた、タイルがすてきですね。酒屋さんの建物も、このタイル屋さんがやったのかな？

南 やってますね。どうも。仕事がていねいだねぇ。

坂 すんごく小っちゃいタイルを、繊細に並べてる。いや～、きれいだ。向かいのパン屋さんも、味がある。

― この先が、かまぼこ通りだそうですよ。

南 せんとこうしって何ですか？

― また町名碑ですね。なるほど、千度小路《せんどこうじ》か。かつて、このへんは漁村だったそうですよ。あの幟の店が、「鱗吉」だと思いますが……。

南 もう建物に、元祖って書いてある。

― あれ、お店、お休みっぽくないですか？

坂 でも、暖簾が出てますよ。すみませーん、今日はやってますか？

――店員さん　お店は五時までなんです。

― 仕方がない。では、長太郎さんを目指しますか。

坂 うわー、このお家、めちゃくちゃきれい！　このへんは、いい建物がぽつぽつと残ってますね～。

南 欄干に、干し網の透かし彫りがあったりして。

坂 凝ってるなぁ。ここは、普通の商家じゃないね。

南 ひょっとしたら網元*だったとか？

坂 ありえますね。

南 うーん、この先に碑があるはずなんだけど、行き止まりみたいに見えるなぁ。

網元▼ちなみに先の料理店「だるま」も、相模湾近くのもともと網元の出。

— あの柵の向こうに、道が続いてるんじゃないですか? ちょっと見て来ますよ……あったあった、ありましたー!

南 これ、トンネルの向こうは、もう海だ。いいなぁ、ここ。いい感じだねーこの景色。

— 説明板に「川崎長太郎は 明治三十四年此処 千度小路の魚商 太三郎の長男として生れた」「海沿いのトタン小屋に起伏 『裸木』『父島』『抹香町』など私小説ひと筋を貫いた」

南 石碑、「屋根もぐるりも、トタン一式の、吹き降りの日には……」これ、長太郎の字? いい字だねぇ。

坂 トンネルから見える海も、最高。映画とかの撮影に使えそう。

— トンネルが終わると、視界いっぱいに海が! きれいだなぁ。何の変哲もない海なんだけど。

南 この時間の、海のよさってあるよね。

坂 曇った空も、いい感じで。

南 マルケ*ってて画家がいるんだけど、マチスの若いころからの友達

マルケ▼一八七五～一九四七年、フランス・ボルドーの出身。マチスらと野獣派(フォービズム運動)のひとりとされるが作風は中間色の温和な色調で、海浜の風景や街の情景を好んで描いた。

で。その人、海の絵がすごくよくて、ちょうどこんなような海の絵も描いてます。

― マチスは野獣派だったと思うんですけど、マルケもですか？

南 そうそう。でも、マルケはものすごくおとなしい絵なの。ものすごくおとなしい野獣。

坂 たまには、そういう野獣もいいなぁ。草食系の猛獣とかね。

― 左手に見えるのが三浦半島と、その奥が房総半島。右は真鶴半島で、あそこに見えるのは初島じゃないかな。長太郎さん、こんな風景が見えるところで色っぽい小説を書いてたんだ。その先の青物町商店街には、この海で取れた魚が並んでたんじゃないですか？

坂 かもしれない。そこの「あきら」ってお店、昔っからある町の中華屋って感じで、おいしそうじゃない？ ちょっと入ってみたいなぁ。抹香町や長太郎さんの話も、聞けるかもしれないし。

南 いいですねぇ。二階は珠算教室だよ。最近、ソロバン塾って見なくなったもんなぁ。

— われわれは、中華のほうでお願いします。

坂 すみませーん、四人です。

——おばさん　そっちの席が広々してますから、どうぞ。戸は、寒くなかったら開けておいてください。いい風が入ってきますから。

南 ほんとだ、いい風だ。

坂 まずはビールと、それからお燗したお酒も。定食じゃなくて、おかずだけでもいいですか?

——おばさん　もちろんです。

坂 じゃ、肉もやし炒めと、まぐろの中落ち。……あと、このへんは昔、抹香町っていいませんでしたか?*

——店主　抹香町は一号線沿いだから、ここからは少し離れてるんですよ。

——おばさん　一号線は、ここから少し行った、大きい通りです。

— 裕次郎の友達の店があった大きな通りが、一号線ですよね。

南 いやぁ、今日もよく歩いた。

このへんは昔、抹香町っていいませんでしたか?▼当然のことながら、とかく地元の人はかつての私娼窟のあった位置をあからさまに語りたがらないことが多い。ヴィジターは単なる文学散歩のつもりなのでストレートに聞いてしまう。

―　あ、終わろうとしてますね？　駅の近くに本家とつく飲み屋があるんです。
坂　てらけん本家以外に？　じゃ、最後はそこで締めますか。

本家と分家の本家へ

―　「みのや吉兵衛」さんがもう閉まっていたとは……。元祖・糀入いかの塩辛、お土産に買って帰ろうと思っていたのに。創業四百五十年の老舗なんですよ。
坂　その塩辛、ちょっと食べてみたかったなぁ。まぁ、また来ればいいか。で、本家はどこなの？
―　この商店街のなかです。駅前東通り商店街。
坂　え、「庄や」？　あのチェーン店の？
―　看板を、よーく見てください。
南　おっ、ほんとだ。小田原・本家店。

― 実は、この先に元祖もあるんです。

坂 え、どこどこ?

― もうちょっと先なんですけど。あの「ととや」という渋い居酒屋です。暗くてわかりにくいかもしれませんが、入り口の上、見えますか?

坂 あ、元祖・金目鍋って書いてある。

― 両方、行きますか?

坂 ま、予定どおり、まずは本家庄やのほうに行きましょうよ。

――店員さん　いらっしゃいませ〜。

坂 四人でーす。

南 ここ、「ハイ、喜んで」の店なんだね。いま生で聞いちゃった。本家・ヨロコンデー。

― はぁ〜、疲れたぁ。八甲田山の死の彷徨みたいだ。天は、われわれを、見放したかー!

坂 はいはい。で、何にするの? 僕はワインでも飲もっかな。

― 私は、ハイボールで。

南　いいね、ハイボール。

――店員さん　はい、かしこまりました～。

坂　そこは「ハイ、喜んで」と言ってほしかった。でも、箸袋やコースターにまで「ハイ、喜んで」と書いてある。

――店員さん　お飲み物、お待たせいたしました。

坂　僕は疲れちゃったから、「ハイ、寝ころんで」。あの、ここって庄やの本家なんですよね？

――店員さん　そうですね。もともと小田原にもう一店舗あって、そちらが分家というかたちだったんですけど、分家が潰れちゃって、本家だけ残りました。

坂　ん？　じゃぁ、全国にある庄やの本家というわけじゃないってこと？

――店員さん　小田原にある庄やの本家、ということですね。

坂　ま、ではでは、かんぱーい！　って、今日、何回乾杯してるんだろ。いま、何時？

ー わわ、もう九時過ぎです！ 帰りの切符を手配しなきゃ！

坂 もう、あわてて帰らなくてもいいじゃないですか。この庄やの斜め向かいが、小田原おでんの「本陣」でしょ。清潔で気持ちいい店ですよ。ちょっと、おでんと日本酒で。いっそ、小田急で逃げましょうよ。

南 ハイ、よろこんでー。え？ どこに？

坂 湯本とか塔ノ沢温泉とか、強羅もいいね。

南 大涌谷や小涌谷もあります♪

ー では、ここからは、各自自腹ということで。

坂 んじゃ、いますぐ帰ります！ 切符、お願いします！

Part. 12

ブラブラ歩きの王道
銀座

ここは日本？と思いたくなるくらい世界のブランドショップが立ち並び、行き交う群集の言葉は異国語。これが銀座かと思う人は銀座の大通りしか歩いてない人。銀座の裏通りや横丁は、よき東京下町の雰囲気の残る老舗がひっそりと商いを続けている。その新旧のギャップを楽しむのが銀座散策の上級コース。古いバーもよし洋食店もよし。もちろん元祖店も。

雨の銀座を行く

南　コーヒーにしますか？
坂　え〜と……ちょ、ちょっとこれ、ここの「紅鹿舎《べにしか》」、あまりにもメニューの種類が多すぎない？
南　すごいよねぇ。
――いままで見た喫茶店のメニューで、最高のメニュー量かもしれません。
南　そこにもすごいのが（隣席を目顔で）。
坂　どこどこ？
――おお、今日の半可通・シゲモリさんのステッキ、目がついてる！
南　何の顔かな？
坂　なんだぁ、ステッキ？　これは、ドルフィン。イルカの目です。*
ステッキに目があっても、いいじゃないか！*
　　――店員さん　ご注文、お決まりですか？

イルカの目▼ステッキの柄が動物の顔や体全体の姿になっているデザイン・ステッキがある。それらは、もちろん介護用ではなく、散歩や社交の場にたずさえていく、いわゆるオシャレ用のステッキ。動物系の柄で圧倒的に多いのが各種の犬。愛犬家向きか。そのほか、猫、鳥、豚や魚、蝶もある。怖ろしげな蛇もあるが、これは呪術用か縁起物か。イルカは珍しい。

ステッキに目があっても、いいじゃないか！▼元ネタは岡本太郎の「グラスの底に顔があってもいいじゃないか」という、ウイスキー「ロバートブラウン」のノベルティグッズのグラスのCM。一九七〇年代中頃、岡本太郎のキャラクターと、彼のデザインしたグラスが人気となった。こういう五〇年前のCMのセリフを元ネタにしてなにか言われても、傍にいる若い人は困るだけだろう。

坂　メニューが多すぎて、なかなか決められないんです。

——店員さん　それ、よく言われます。

南　とりあえず、ブレンドを一つ。

——私はロシアンティーで。

坂　僕は……コーヒーゼリーにします。

——しかし、銀座の風景もずいぶん変わりましたねぇ。

南　ソニービルもなくなっちゃって。あれ壊したの、ずいぶん前だよね。

坂　あの一階にあった「パブカーディナル」*は、もうないの？

——跡地に、植物庭園みたいのができましたよね。

南　あれは暫定的なんでしょ？

——二〇二〇年の秋までは、あのままらしいです。東京オリンピックが終わるまでは、庭園のままにしておこうってことらしいです。

——店員さん　お待ちどうさまです。

坂　うお〜。どん！と生クリームが！しかも、こんなにカラフルな

パブカーディナル▼現在、改装中の東京・銀座、ソニービルの半地下にあったパブで開店は一九九六年。内装が格調高い椅子やソファ、壁面はベルベットと、高級感のあるロンドン風パブで、ソニービルというランドマーク内ということもあり、銀座のオシャレな待ち合わせ場所として、よく利用された。とくに夕暮れ時は着飾ったホステスさんとお客のカップルが目立った。

デコレーションされてるとは思わなかった。

― コーヒーのカップやミルク入れが猫足になっているのも、変わってますね。

坂　店内全体が、女性ごのみの、ちょっとアンティーク調っていうか、レトロな感じしますね。

― なんでもこちらの「紅鹿舎」はピザトーストの元祖なんだそうです。店の前にあるショーケースには、創業は昭和三十二年と書いてありました。

坂　昭和三十二年っていったら、ロカビリーブームのころでしょ。このあとすぐに日劇でウェスタンカーニバルが始まる。

南　ところで、入り口のとこ、レジのところに人がいると……。

― ああ、通路をふさいで人が通れなくなりますね。

南　設計が間違ってるね。昭和三十二年からずっと間違ってる。

坂　ツイスト踊りながら出入りする。

― さ、そろそろ銀座の町をぶらつきましょうか。今日はムシムシするなぁ……と思ってたら、とうとう降ってきました。でもひとまず、みゆき通りに出たいと思います。

南 みゆき族*のころは、坂崎さんやってなかった？

坂 多少歩いてましたよ、オレがみゆき族だったときは……って、これは元祖愛好家・シーボーさんのお家芸だ。とにかく、そのころはアイビーのかっこして。

南 みゆき族ってズボンがむちゃくちゃ細くて、短くてね。田中邦衛さんは、ずっとあのスタイルでした。

坂 スーツは、だいたいチャコールグレー。肩パッドは入ってなくて、ナチュラルショルダーってやつね。夏は白のボタンダウンのシャツに白のコットンパンツか、バミューダーショーツとか。で、みんなちょっと、わざと猫背気味なの。

― 服装だけじゃなく、姿勢にまで特徴があったんですか。

坂 アイビーって、もともとアメリカでハーバードとかの名門大学がつくるアイビーリーグの学生が着てた服装から来てて、先生をはじめ、み

みゆき族▼一九六〇年代の中頃、銀座のみゆき通り周辺の街角に何人かのグループで、たたずんで話をしていたり、散歩したりする男女の若者たちが、こう呼ばれた。このときの男子は圧倒的にアイビーファッション。地方から銀座をめざして来る女子も多く、ガールハントの場ともなった。

んな勉強や研究のしすぎで猫背だったといわれ、それじゃあ、ってことで、それを真似して（笑）。

南　女の子は、なぜかアイビーじゃないんだよね。男はアイビーなんだけど、間違ったアイビーだって石津謙介*は怒ってた。

―　いしずけんすけ？

坂　「VAN」ってアイビーのブランドを作った人。

南　女の子の服装はどこから来たのか、足首まである長い巻きスカートで、腰巻きルックといわれていた。なんか、だらしない雰囲気。

坂　一時のマイルス・デイヴィス*のかっこは、完全にアイビーで、あれもパンツの丈が短かかったですよね。

南　あー、ジャズの人のかっこは関係あったと思う。

―　みゆき通りという名前のほうが、みゆき族よりも先にあったんですよね。

南　え？　そりゃあそうでしょう。そのみゆき通りを、どういうわけか行ったり来たりするってのが、みゆき族。

石津謙介▼一九一一（明治四四）年～二〇〇五（平成十七）年、岡山県岡山市生まれのファッションデザイナー。一九五〇年代後半から六〇年代若者のブランド「VAN」は石津謙介が一九五四年に創立した会社「ヴァンジャケット」による。岡山の老舗紙問屋の次男として生まれた石津は学生のころから遊びの天才ともいわれ、明治大学在学中に自動車部、航空部などを創立、自らも乗馬、水上スキーなどに興じた。戦後は現・レナウンに勤めたあとヴァンジャケットを設立する。「VAN」の生みの親、石津は流行をリードするダンディな中年男性としてカリスマ的存在となる。

マイルス・デイヴィス▼一九二六～一九九一年、アメリカ・イリノイ州出身のジャズトランペットプレイヤー。裕福な家庭（母は音楽教師）で育ち、八歳のとき当時のジャズ界でスタープレイヤーであったチャーリー・

坂　ところが、ぜんぜん買い物もせず、ただ歩いてるだけでジャマだからって、商店街から排除されちゃったの。もちろん、彼らは銀座でショッピングなんかできるわけがない。

南　あれ、ただ歩いてるだけなんだってね。端っこまで行くと、また戻る。中学の同級生にみゆき族になってみゆき通り歩いてた不良がいてさ。その不良が大人になって立派なお母さんになられて、お会いしたとき聞きました。「みゆき族って、何やったの？」って。「行ったり来たりするだけヨ」って。

坂　まぁ、ガールハントしてたんだと思いますよ、男の子は。そんで、だいたい傘を持ってるんですよ、晴れてても。

南　ギリギリに巻いて、ものすごい細くして。

坂　あと、コーヒー豆が入ってたようなズダ袋抱えてね。

南　あれはフーテンバッグ*とも言ったんだけどね。最初はドンゴロスってコーヒー豆を入れる粗い麻袋だったんだけど、手に入らない奴が米の袋で代用するって発明をした。思えば「無印良品」のセンスです

パーカーのバンドで共演。一九四〇年代後半のビバップスタイルのジャズを推進、その後彼のクインテットを結成。ジョン・コルトレーン、キャノンボール・アダレイ、ウェイン・ショーターなど、スタープレイヤーが加わり、常に時代の最先端を行くジャズ界のリーダーとして君臨する。ジャズプレイヤーの帝王的存在であったマイルスは白人による人種差別に関しても常に批判的だったが、共演するメンバーは白人をも受け入れ続けた。ジャズ界の先端を突っ走るマイルスはまた前衛的なファッションリーダーとしても、また絵画にも没頭、そのレベルは専門家からも高い評価を得た。日本でもジャズトランペッターといえば、このマイルスが第一の巨人として挙げられ、今日でもバーなどのBGMとして「ラウンドアバウト・ミッドナイト」や「枯葉」などを耳にすることがある。

ね。

坂　あれ、「パブカーディナル」のとこ、氷屋やってんだ。

ー　あの店内の絵からして、和菓子の「虎屋」がやっているカフェみたいですね。

南　ちょっと、ここ寄っていい？

坂　日動画廊。銀座の画廊の本家といってもいい。

ー　でも今日のは、なんだかポップですよ。

——学芸員　今回は、フィリップ・コルバート*の日本初の個展なんです。

南　日動画廊にしては珍しい展示ですね。

——学芸員　日動画廊は昨年創業九十周年を迎え、記念にポップ・アートの展示を企画したんです。今回はアンディ・ウォーホル、ヴィック・ムニーズ*に続く第三弾で、そこにロブスターのフィギュアが飾ってありますが、フィリップ・コルバート自身がロブスターになりきって写真を撮ったりもしているんですよ。南先生も、お顔を使って本人にな

フーテンバッグ▼みゆき族が腕で抱えるようにしていたバッグ。世の大人たちは「なんだ、あの頭陀袋《ずだぶくろ》みたいな物を持って」と冷笑していた。また、VANの紙袋を誇らしげに抱えているのも定番だった。

フィリップ・コルバート▼イギリス出身、ロンドンを拠点に活躍するマルチアーティスト。絵画の他に、オブジェ・ファッション、パフォーマンスといった表現活動を行い「ネオポップアーティスト」と呼ばれている。二〇一八年、日動画廊で日本初の個展。ロブスターと目玉焼の図像がウリ。

ヴィック・ムニーズ▼ニューヨークを活動拠点とする現代芸術家。二〇一〇年製作のドキュメンタリー映画『ヴィック・ムニーズ／ごみアートの奇跡』で日本でも専門分野以外の人にも知られることになる。映画の内容は、ブロンクスから彼の故郷であるブラジルに戻り、リオ・デ・ジャネイロ

りきるお仕事をなさってますけど、まだ続けておられるんですか？

南 あ、はい、まだ続けてます。

——学芸員 雨なので、足元、お気をつけて。

南 高校生のころ、よく画廊を回っててさ。主に現代美術の画廊。水道橋から都電に乗ると、銀座まで一本で来られてね。

— 私、生まれて初めて日動画廊に入りました。いつもは敷居が高くって……。

元祖あんみつで一休み

— あの東急プラザ銀座ってのは、すごい外観ですね。たしか、前は阪急だったような。

南 あのへんに、旭屋書店があったよね？

坂 あった、あった。夕方前は、銀座のクラブホステスさんが客の作家の本を買いに来てました。彼女たち勉強熱心なんですね。お客の書いた

郊外の世界最大のごみ処理場へ訪れる。そこで彼は、そこで働く人々をモチーフとして作品を制作、それをオークションにかけ、買い上げ金全額を彼らに与え、彼の新しい人生のチャンスの資金とする。アートが人の人生をよみがえらせ、現実社会を変革してゆく、というドキュメント。

本、読んでないと仕事にならないし。

ー　町って常に変わっていくものなんでしょうけど、ここ数年の銀座の変化はけっこう大きい気がします。

坂　前の松坂屋もなくなった。外資系のブランド店が多くなったかもね。

南　文藝春秋って、もともと、ここにあったの？

坂　ここは最初から別館じゃない？　いや、ここも一時、文春本社かも。そのあと文春画廊となったかな（二〇一五年に閉廊）。

ー　あ、一つ目の元祖だ！　元祖・３４３寿司。

坂　「３４３」と書いて「さしみ」なのかな。

南　「ルパン」は、なんかの元祖じゃないんすか？　文壇バーとして有名だけど。

ー　ルパンのこの路地、なんとも味わい深いですね。古き良き銀座の名残を留めているというか。まだ、現役ですよね？

南　もちろんやってる、やってる。大人気ですよ。

坂　太宰とか、織田作、坂口安吾みたいな無頼派の人たちがよく顔出しててね。

南　林忠彦の写真が飾られてますね。

坂　太宰を慕った田中英光*も、たしかここで写真撮ってますよ。昭和三（一九二八）年の開店時には、菊池寛とか里見弴とかが支援したとか、しないとか。かつては高崎さんて着物着た上品なママがいて、元は銀座の「タイガー」ってカフェー出身かな？　当時、向かいにはライバルの「ライオン」があって虎と獅子、今でいう阪神と西武みたいな？

南　銀座の歴史を脈々と受け継いでるって意味では、「ルパン」は元祖・文壇バーって言ってもいいかもね。

ー　むむ、ちょっと雨脚が強まってきたみたいです。

坂　じゃ、どっかに入って休憩しますか。せっかくだから、元祖・あんみつに行きましょう。すぐそこの、銀座コアの一階。正面からじゃなく、横っちょにある細い通路から入るといいんですよ。

南　この通路、中央通りから一本裏の道まで、ビルの中を貫通してる。

田中英光▼一九一三～一九四九年、東京都港区赤坂生まれ。太宰治から圧倒的な影響を受けた無頼派の一人。早稲田大学在学中、ロサンゼルスオリンピックに漕艇選手として出場。一九四〇年「オリンポスの果実」が太宰の尽力で「文学界」に掲載される。一九四七年、静岡の妻子の元を離れ新宿区で他の女性と同棲生活を始める。一九四八年の太宰の自殺に衝撃を受け、睡眠薬中毒に。翌年五月、薬物中毒による妄想から同性の女性を刺傷。十一月、三鷹市の禅林寺にある太宰の墓の前で自殺。銀座「ルパン」での写真は一八〇センチはあったといわれる巨体の英光が白シャツ、腕まくりをして、にこやかに笑っている。

わぁ、ビルの中だけど店構えは和風で、いい感じだなぁ。「若松」っていうんですね。鶴の暖簾が、また洒落てる。

坂　中も、いいですよ〜。歌舞伎役者の誰だったかな？　そのお客さんがみつ豆に餡を入れてってリクエストして、あんみつが生まれたらしいですよ。それに対して、頑固な文士が怒っていた。「みつ豆に餡なんかを入れやがって！」と。

—　へぇ〜。さて、何にしようかな。

南　ぼく、氷あずき。

坂　僕は、あんみつ……はやめて、ところてんで。

—　私は、冷やし抹茶。

坂　南さんの氷、すごいなぁ。

—　白い氷とあずき色の上品なたたずまい。でも、けっこうボリュームありますね。

南　さっきのコーヒーゼリーもすごいと思ったけど、こっちもすごいの来ちゃったね。

坂　こちらは佐多稲子《さたいねこ》さんとか、女性作家の方がよく来てたそうですね。戦前は林芙美子《はやしふみこ》＊なんかも、ちょっとお金が入ると来てたみたい。林さんなんて、あんみつ二杯くらい食べそう。やっと原稿料が入って「若松」に来られたんだから、今日はゼイタクしてやれ、って（笑）。

南　こちらは、明治二十七年創業ですって。じゃ、百年以上続いてるわけだ。こっちにあった『銀座百点』＊には、椎名誠さんのエッセイが載ってる……へぇえ、昔の彼女が「若松」でバイトしていたんだそうです。

坂　ホントかなぁ？

――　これ、バックナンバーで「Vol. 750」ってことは、最近のはもっと号を重ねているわけですよね。『銀座百点』ってずいぶん寿命の長いタウン誌なんだなぁ。

坂　創刊は、昭和三十年代とかでしょ？　できてからしばらくは、洋画家の佐野繁次郎《さのしげじろう》＊が表紙のロゴと、絵も手がけてたんですよ。さ、そろそろ次に行きますか。

佐多稲子▼一九〇四（明治三七）年～一九九八（平成一〇）年。長崎県長崎市に生まれる。小学校卒業前に長崎市から一家が上京、神田のキャラメル工場で働く。一九二八年の出世作となる『キャラメル工場から』は、このときの体験がもととなる。プロレタリア作家として、また女性の民主化の運動家として活動を続けた。現在も作品は刊行されている。

林芙美子▼一九〇三（明治三六）年～一九五一（昭和二六）年。山口県下関生まれ。貧しい生い立ち、青春時代を作品に表現、とくに流行作家になるまでの体験をもとにした『放浪記』（一九三〇年刊行）はベストセラーとなる。流行作家となって以降も創作、また社会的活動にも旺盛な行動力を示したが五十歳を迎えることなく、その生涯を閉じた。『放浪記』は映画化、テレビ化、舞台化されるが、とくに森光

ー　あんぱんで有名な「木村屋」に行って、その後は銀座一丁目のほうへ向かおうかと思っています。

坂　銀座一丁目のほうって、「升本」とか「三州屋」とか、いい居酒屋がありますよね。

ー　じゃ、今日のゴールはそこにしましょう！

銀座のヘソに○○あり

ー　そういえば、銀ブラって言葉の由来には、諸説ありますよね。たとえば、銀座の街を一丁目から八丁目までブラブラ歩いて、八丁日についたら反対側の歩道をまた一丁目に戻って往復してたとか……。

坂　一丁目までは行かなくて四丁目から八丁目までだったとか、通りも片側しか歩かなったとか、いろいろな説があるんですよ。

ー　老舗の「カフェーパウリスタ」でブラジルコーヒーを飲むこと、なんて説もありますし。

子主演の舞台は一九六一年に芸術座で初演されていらい二〇〇九年まで二〇一七回のロングランとなった。

『銀座百点』▼タウン誌の元祖的存在。一九五五（昭和三〇）年に「銀座百点会」から創刊。誌面に人気作家、著名文化人を多く起用、愛読者を獲得した。三二年には「百点句会」がスタート、久保田万太郎を筆頭に句作を楽しむ安藤鶴夫他、作家、画家たちが集った。万太郎（俳号は暮雨、傘雨）の代表作の一つ「湯豆腐やいのちのはてのうすあかり」は、この「百点句会」で披露された句。向田邦子の『父の詫び状』も、この『銀座百点』で連載（昭和五二年二月号から）。

佐野繁次郎▼一九〇〇（明治三三）年〜一九八七（昭和六二）年。大阪府大阪市生まれ。洋画家・小出楢重に師事ののち三七年に渡仏。アンリ・マチスに師事、ホアン・ミロとも

坂　「ぶらつく」って言葉は、どっから来たか知ってます？　あれ、あてもなくブラブラ歩くって行為から来てるんじゃなくて、「腕」から来てるって説があるんですよ。たしか、藤田嗣治のエッセイ集に『腕一本《ぶら》』というタイトルの本があって。

―　じゃ、腕《ぶら》をぶらぶら振りながら歩くってことですかね？

坂　手ブラで、っていう言葉もあるでしょ。何も持たないで、という意味で。でも今は、ヌードを撮るとき、ブラジャーのかわりにオッパイを隠すことを手ブラって言うんでしょ？　シンボーさん！

南　ね。ところで「木村屋」は、元祖なの？　本家なの？　あんぱん作ったの、「木村屋」でしょ？　あんぱん・元祖でしょ。

―　それが元祖と本家、いちおう両方名乗っているんですけど、とても奥ゆかしくて、店内でも本当に小さく出ているだけなんです。

坂　へぇ〜、とにかく入ってみましょう。桜あんぱんに白あんぱん、うぐいす、けし、小倉……種類がたくさんあって楽しいなぁ。

南　あ、元祖ありました。

遊交、戦後は「パピリオ化粧品」の重役にもなる。「パピリオ」の独特な手描きのロゴ他、パッケージデザインも担当する。装丁デザインの仕事も多く手がけ『銀座百点』のタイトル文字も創刊号から佐野によるもの。

―　どこですか？

南　この袋のシールに。

―　わ、小さい！　言われなければ全然わかりませんでした。

南　本家もありましたよ。ほら、あの壁の短冊。

―　「餡パンの本家銀座のヘソにあり」か。あの、こちらは誰の句なんですか？

　　――店員さん　それが、よくわからないんです。

―　いつごろからここにかけてあるんですか？

　　――店員さん　それもわからなくて……。とにかく昔からありまず。

坂　そうなんですか。僕、お土産に桜あんぱんをください。

―　お、そこに真珠王記念碑っていうのが建ってますよ。

坂　さすが「ミキモト本店」。真珠の養殖に成功したのは、ミキモトが世界初じゃない？

南　なら、元祖とか本家と言ってほしいなぁ。

― あ、ここにまた元祖があります。「グリル・スイス」か。何が元祖なんだろ。

南 カツカレーだよね。千葉茂ってジャイアンツの選手が、カレーにカツのっけてくれって言ったのが始まりらしい。築地警察の裏っかわにも、千葉茂の写真と色紙貼ってあったんだけど、こっちが本家なのかな。

― メニューには元祖・カツカレーのほかに、千葉さんのカレーというのもありますね。少し先の「煉瓦亭」も洋食屋で、元祖・オムライスの店なんです。

坂 煉瓦亭は創業明治二十八年ですって。元祖・あんみつの若松と一年違いだ。

南 カツカレーとかオムライスとか、いかにも日本で生まれた洋食って感じだね。

坂 ガス灯がともる銀座の町並みを描いた看板が、なんともかわいらしい。おっ、ステッキ持ってる人もいる。

— あ、ここらへん「白いばら」*があったあたりじゃないですか？

南 そうそう。いまはここで仕切ってあるけど、こっちと向こうと全部がそうで。

— かなり広かったんですね。いまスマホで調べたら、今年（二〇一八年）の一月に、八十七年の歴史に幕を閉じたそうです。あれ、この道、ガス灯みたいな街灯がありますよ。その名もズバリ、銀座ガス灯通りというみたいです。光がゆらゆら揺れて、本物のガス灯っぽい。

南 本物は、明治のころ、はんてんみたいの着たおじさんが来て。

坂 長い棒持って、一つひとつ点けていくんだよね、点灯夫《てんとうふ》。三代広重だったかな、明治の錦絵なんかに描かれている。谷崎潤一郎は、おじいちゃんがガス灯の点灯屋さんだったそうですよ。

南 へえーっ、そういや、こないだ人形町歩いてるときに、なんかあったよね。

— 生誕の地と書かれたプレートがありました。

白いばら▼〝全国の出身地のホステスさんと会える、故郷のお国ことばで会話ができる〟として知られた、銀座のグランドキャバレー。一九三一（昭和六）年、銀座三丁目「ガス灯通り」に「つる屋」として開業。昭和五一年キャバレー「白いばら」という名称でオープン。道路ぞいの壁面には日本列島の全国地図が描かれ、そこにホステスさんの名札が貼られた。銀座最古にして唯一の「白いばら」は二〇一八年一月、その長い歴史を閉じた。

変化は遂げても、銀座は銀座

坂　しかし、銀座の元祖と本家、けっこうありましたね。

―　最後にもう一店、巡りたいと思います。ここ、マロニエ通りっていうみたいなんですけど、街路樹はまさにマロニエなんですか？

坂　うーん、マロニエは日本語でセイヨウトチノキっていうんだけど、これはただのトチじゃないかな。

―　コチ？

坂　トチ。栃錦の〝栃〟。でかい葉は例の天狗が持っているやつ。

―　あ〜あ。

南　えっ？　栃錦で、よくわかったね。昭和三十年代とかに活躍した相撲取りですよ。栃若時代をつくった。

―　その人自体は知らなかったんですけど、栃東とは同い年なんです。

南　お相撲さんの名前って、世代が違うといちばんわからなくなるよね。昔、『銀座百点』で対談したときに、昔のお相撲の話になっちゃってさ。そしたら編集者の女の人が「そろそろ、じゃ、違う話にしてください」って（笑）。

坂　あ〜、話がわからなかったんだ。でも、さぁ『銀座百点』ならね。

南　読んでる人、けっこうオレたちと同じくらいだと思うんだけどね。お相撲は、同じ時期に見てた人と話すと面白いんだ。細かきゃ細かいほど面白い。ところで最後に行くのは、どこ？

―　蕎麦屋の「長寿庵」*です。

南　長寿庵なんて、どこにあったかな。以前、事務所が築地だったたから、けっこう歩いてたんだけど。銀座のお店で飲むなんてほとんどなかったけど、「ももこ」ってとこにはちょくちょく行きましたね。銀座にあるけどお勘定の値段のレベルが新宿って店で……。

坂　ぼくは行ったことなかったけど……。

南　あそこも、やめちゃったな。

坂　あ、そうなんだ。僕も銀座はそこそこ遊び歩いたけど、馴染みの店はだいたいやめちゃった。鈴木真砂女《まさじょ》*さんって俳人が昭和三十年代に

長寿庵▼昭和一〇年銀座二丁目に創業。鴨せいろ発祥のそば屋として「元祖・鴨せいろ」を看板として今日に至る。メインのそばの他に、たこぶつ、マグロ刺し、もつ煮、ゴボウサラダ、山菜磯辺揚げ、白エビ唐揚など酒肴のメニューも豊富。

鈴木真砂女▼一九〇六（明治三九）年〜二〇〇三（平成一五）年。千葉県鴨川市生まれ。観光地、鴨川の老舗旅館で生まれ育ち、二度の離婚を経験。久保田万太郎の主宰する「春燈」の同人となる。一九五七年、五十歳のとき銀座二丁目に「卯波」という名の酒舗を開く。店をきりもりする傍ら、俳人としても七冊の句集を刊行。「あるときは船より高き卯浪かな」「今生のいまが倖せ衣被《きぬかつぎ》など人に知られる句も多い。情熱的な愛の生涯からは「死なうかと囁かれしは蛍の夜」「白桃に人刺すごとく刃を入れて」「羅《うすもの》や人悲します恋をして」などが生

始めた「卯波《うなみ》」って小料理屋とかね。いい店だったなぁ。真砂女さんはもともと房総の老舗旅館のお嬢さんで、旦那さんがいたのに年下の男性と出奔しちゃったりしてね、シュッポーンと。

― （苦笑）あ、見えてきました。長寿庵、あそこです。

南 あ～あ、ここか。そういえば入ったことある。この真ん前に、マガジンハウスの別館編集部があって。

― こちらは、鴨せいろの元祖だそうです。

南 え、こないだ江ノ島のほうで食べた蕎麦も元祖・鴨せいろじゃなかったっけ？

― あそこは「元祖・鴨南ばん本家」です。

南 あれ？　でもやってないね。

坂 お店の人はいるみたいよ。すみません、あのー、お店は何時から……あ、五時半ですか。どうも～。

― 開店までには、まだちょっと時間がありますね。

坂 じゃ、ちょっと時間潰しましょう。ちょっと歩いたとこに、いいお

まれた。なお、「卯波」は真砂女が退いたあと、孫が引き継いだが二〇一四年に店を閉じた。

店がありますから。日本各地のお酒がそろってて、酒屋でもあるけど、角打ちもできるんですよ。

― すごい、日本酒の瓶がいっぱい！

― 「検校」って店名がまた、渋いですね。

坂 歌舞伎にも出てくるけど、江戸のころ、検校は目の見えない人の仕事の役職のトップだったらしい。按摩の頭領ってイメージがあります。

坂 しかも、裏社会の仕事もしていたりして、ちょっと怖いイメージもあったりして。

南 勝新の座頭市は、『不知火検校』*ってのから始まったんだよね。

― 勝新太郎演じる座頭市が、検校として頂点を極めながら、どんどん悪の道へと転落していくという話で。

坂 さ、各自好きなお酒を頼んでください。

― うーん、迷うなぁ……とりあえず私は、飲み比べの冷おろしセットで。

坂 僕は、秋の純米吟醸のセット。わぁ、春鹿とかあるの？　いい

不知火検校▼一九六〇年、大映配給、勝新太郎、中村玉緒主演の「座頭市シリーズ」の先駆となる映画。ただ、ストーリーは、人殺し、女犯の極悪非道。盲人の按摩が残虐な悪事によってのし上がってゆくという、極悪人が主人公の悪党派映画。原作は歌舞伎作家・昭和の黙阿弥といわれた宇野信夫。一方、一九八九年公開の『座頭市』は時代小説作家・子母澤寛の原作。映画では、盲目の侠客『座頭市』が仕込み杖による強力な抜刀術で悪人たちを切り倒してゆくというストーリー。先の救いのないピカレスク映画『不知火検校』に対して、勝新太郎の殺陣のすごさと、ユーモラスな好色という演技力が発揮され人気のシリーズものとなった。

ねぇ、懐かしい。前は、よく飲んでいた。

――店員さん　おいしいですよね。

南　じゃ、これにしよう。

一同　かんぱーい！

南　♬奈良の酒のハ～ルシカ～♪　おいしい。

―　飲み始めから、ゴキゲンですね。日本酒って好きなので何でもおいしいと言っちゃうんですけど、こうして飲み比べると、おいしさにもそれぞれ個性があるのがわかるものだなぁ。

坂　少しずついろんな種類が飲めるのって、いいですよね。

――店員さん　こちら、くさやチーズ、オイルサーディンの明太焼き、柚子胡椒味の酒盗になります。

坂　ここは、おつまみがまた酒落てるんですよ～。

南　これも、どれもおいしい。

―　酒盗はもう、日本酒のアテにはたまらない！

坂　合間にお水も飲むと、いいですよ。これ、お酒を造るときに使う仕込み水だから。

― それにしても、夕暮れ時の銀座を散歩するのは、なかなかいいものでしたね。雨でも、楽しかったなぁ。

坂　メインストリートはけっこう変化が激しいけど、一本入るとね。

― 雰囲気があって、さすが銀座という感じで。歴史の厚みを感じます。明治創業の老舗はもちろん、探せば江戸時代の痕跡も残っているのかも？　だいたい銀座って名前が、江戸時代に銀貨の鋳造や両替をする町ってことで生まれた地名でしょ。

南　ちょっと、そろそろ座りたくなってきた。

坂　じゃ、蕎麦屋に戻りましょうか。

― さっき話に出た「升本」や「三州屋」にも行きたい！

坂　あとマガジンハウスの近くの古民家そのもののようなシブイ「秩父錦」とかね。いい店、まだまだたくさんあるからね。銀座の夜をゆっくり楽しんでから、帰りましょう。

あとがき　町歩きの達人と

南伸坊

「今度は、センダツさんに、神楽坂を連れ回してもらいたいね」とジャズサックス奏者の中村誠一さんが、言ったのは、何年前だったろう。

　これには私も大賛成で、その日の来るのを、楽しみにしていた。ところが丁度、みんなの都合が合いそうな時に私が病気をしたり、仕事に追われたりでなかなかうまくいかない。

　私のせいで「せっかくの楽しみが……」と申し訳ないから、中村さんと坂崎さんお二人だけで、決行してくださいよ、と何度目かに私がいうと、「いやいや三人で行くのがいいんだから」と、二人して言ってくれて、それはそれでうれしいことでもあったのだ。

　坂崎さんをセンダツさんと呼ぶのは、落語の「大山詣り」みたいな、楽しさを一言で表現した中村さんの言語感覚で、正確には「センダッつぁん」と江戸ッ子発音だ。

われわれは以前センダッツつぁんに、浅草を連れ回してもらったのだ。これがスコブル楽しかった。坂崎さんは町っ子で、おいしいものを食べさせるお店や、趣きのあるお店を、よく知っていて、その連れ回し方も含めて、とても楽しい。

中村さんも遊び上手だろうに、その中村さんをして、またあの晩みたいに楽しくやりたいねと言わせる、みごとな先達ぶりだった。

私はこの以前にも、坂崎さんに酒落たBARだったり、酒場だったりに連れていっていただいて、そのみごとさに感じ入っていたので「そうでしょう?坂崎さんは、ほんとすごいんですよ」という自慢するような気持ちだった。

坂崎さんが夜中のTVで、酒場で呑んでおしゃべりをするって番組のホストになった時は、まさにうってつけじゃないか!と思ったのだったが、この時にも私を呼んで下さって、これもうれしかった。

そんなことのあった後に『望星』で、連載の話がきたので、とびつかないはずがない。三ヵ月に一度の、その日の来るのがたのしみだった。冗談を言いあって、歩き回って、最後はセンダッつぁんお気に入りの、あるいは初めての町だったら、センダッつぁんの目利きしたお店で、また呑みながら冗談である。

しかし、これを短かい紙幅にまとめる編集さんは大変だったろう。なにしろ、ミになるような話は、まるでしない。どんどん脱線するんだから、それにいちいちつきあってたらまとまるはずがないです。

まァ、もともとが、まとまったことなんか考えてないんだし、なんとかしようなんて気持もない。って、これは私の無責任ですが、坂崎さんは、ベストセラーを、次々くり出す名編集者でもありますから、この本にするについては、あの道中のたのしさを、再現する方向で、加筆して下さったようです。

私は、だから本が出来上がってくるのが楽しみなんです。

坂崎さんだったら、あの道中のたのしさを作り出した張本人なんだから、なんとか再現してくれるはず。

私はもう、ただクダラナイその場限りの冗談を言うばっかりですが、坂崎さんにはきちんと趣味がおありで、知識も広いから、そういうものがちょいちょいと現れます。

私は久保田万太郎も川崎長太郎も、名前を聞いたことがあるなぁくらいで、何も知らないですから、

「聞いたことがある」

くらいしか言えない。聞いたふうなことは言えません。

そういうヤカラを相手に、

たのしくおしゃべりを続けてくれるんですから、ほんとうにありがたいことです。

「今度またセンダッツつぁんに神楽坂の路地を連れ回してもらいたいな」

と、またぞろ、そんなことを考えてるところです。

〈あとがき〉のあとがき

この本は東海教育研究所発行・雑誌「望星」の二〇一六年二月号から一八年一一月号まで三ヵ月に一回のペースで連載した記事「ニッポンの元祖・本家の町めぐり」をもととして、大巾に加筆、再構成したものです。（なお本文脚注の文責は坂崎）連載での対談の構成はフリーライターの吉田文さんによるもので、単行本での（編集さん）会話部分は、吉田さんと石井編集長の二人合体です。

連載中は吉田さんによる予備取材、また記事の構成と、大変お世話になりました。またこの企てを喜々として取り上げて下さり、毎回同道していただいた企画遂行の助産夫・石井靖彦編集長に心からの謝意を表します。

また単行本化にあたり編集を担っていただいた芸術新聞社の山田竜也さん、北川さおりさんには本当にお世話になりました。皆様のご尽力により、楽しい一冊が世に出ることとなりました。

（坂崎記）

著者略歴

坂崎重盛（さかざき・しげもり）

エッセイスト。一九四二年東京生まれ。著書に『東京本遊覧記』『TOKYO老舗・古町・お忍び散歩』『神保町「二階世界」巡り　及び其ノ他』『「秘めごと」礼賛』『東京煮こみ横町評判記』『ぼくのおかしなおかしなステッキ生活』『浮世離れの哲学よりも浮世楽しむ川柳都々逸』および『「絵のある」岩波文庫への招待』『粋人粋筆探訪』（二著とも弊社刊）などがある。

南伸坊（みなみ・しんぼう）

イラストレーター、エッセイスト。一九四七年東京生まれ。著書に『くろちゃんとツマと私』（東京書籍）『おじいさんになったね』（海竜社）『本人伝説』『本人遺産』（文藝春秋）『ねこはい』『ねこはいに』（青林堂）対談本に『黄昏』糸井重里氏と（新潮文庫）『漢方的生き方のすすめ』丁宗鐵氏と（毎日新聞出版）『老人の壁』養老孟司氏と（毎日新聞出版）などがある。

元祖・本家の店めぐり町歩き

2019年4月20日　初版第1刷発行

著者　坂崎重盛・南伸坊

発行者　相澤正夫
発行所　芸術新聞社
〒101-0052
東京都千代田区神田小川町2-3-12 神田小川町ビル
TEL 03-5280-9081（販売課）
FAX 03-5280-9088
URL http://www.gei-shin.co.jp

印刷・製本　シナノ印刷
デザイン　原田光丞

ISBN 978-4-87586-559-9 C0026